Mozibur Raheman Khan
Rajkumar Kannan

Sumarização de comentários sobre saúde nas redes sociais utilizando a aprendizagem automática

Mozibur Raheman Khan
Rajkumar Kannan

Sumarização de comentários sobre saúde nas redes sociais utilizando a aprendizagem automática

ScienciaScripts

Imprint

Any brand names and product names mentioned in this book are subject to trademark, brand or patent protection and are trademarks or registered trademarks of their respective holders. The use of brand names, product names, common names, trade names, product descriptions etc. even without a particular marking in this work is in no way to be construed to mean that such names may be regarded as unrestricted in respect of trademark and brand protection legislation and could thus be used by anyone.

Cover image: www.ingimage.com

This book is a translation from the original published under ISBN 978-620-8-06597-3.

Publisher:
Sciencia Scripts
is a trademark of
Dodo Books Indian Ocean Ltd. and OmniScriptum S.R.L publishing group

120 High Road, East Finchley, London, N2 9ED, United Kingdom
Str. Armeneasca 28/1, office 1, Chisinau MD-2012, Republic of Moldova, Europe
Printed at: see last page
ISBN: 978-620-0-21596-3

Agradecimentos

Desejo agradecer do fundo do coração ao meu venerável, exaltado e erudito orientador **Dr. K. Rajkumar, M.Sc., M.Phil., Ph.D.**, Professor Associado, Departamento de Informática, Bishop Heber College, pela sua assídua, incansável e incessante procura de orientação durante o curso do meu doutoramento.

Agradeço também profundamente ao Professor Associado Dr. A.R.Mohamed Shanavas do Jamal Mohamed College e ao Professor Assistente Dr. T.N.Ravi, do Periyar E.V.R College, Tiruchirappalli, por participarem no comité de doutoramento. Com a sua imensa sabedoria e competência, insinuaram aumentos indispensáveis e propostas prolíficas.

Expresso os meus sinceros agradecimentos ao venerado Reitor, **Dr. D. PAUL DHAYABARAN M.Sc., M.Phil., PGDCA., Ph.D.**, Bishop Heber College, Tiruchirappalli, que me deu a possibilidade de **realizar** o meu trabalho de investigação no meio de académicos eruditos.

Gostaria de expressar os meus sinceros agradecimentos ao corpo diretivo do colégio Jamal Mohamed, ao diretor Dr. Ismail Mohideen, ao vice-diretor Dr. Mohamed Ibraheem, ao vice-diretor adicional Dr. M. Mohamed Sihabudeen, ao Dr. G. Ravi, chefe do departamento de informática, ao Dr. D. I. George Amalarethinam, coordenador do comité de investigação do departamento e ao Dr. K. N. Abdul Kader Nihal, chefe do departamento de informática e diretor dos cursos autofinanciados, por terem proporcionado todo o patrocínio necessário. D.I. George Amalarethinam, Coordenador do Comité de Investigação do Departamento e o Dr. K.N. Abdul Kader Nihal, Diretor do Departamento de Informática e Diretor dos Cursos de Auto-Financiamento, por me terem dado todo o apoio necessário para realizar eficazmente o meu trabalho de investigação. Expresso os meus sinceros agradecimentos a todos os meus colegas do Departamento de Informática pelo seu apoio moral.

Expresso a minha sincera gratidão e agradecimento ao **Dr. J. G. R. SATHIASEELAN M.Sc., Ph.D.**, Professor Associado e Diretor, e a todo o pessoal docente e não docente do Departamento de Informática do Bishop Heber College, Tiruchirappalli, por terem proporcionado os meios para a realização do meu sonho.

Agradeço aos meus colegas de investigação, Sr. S. Sridhar, Sr. K. Suresh, Sra. Sophia e Sra. D. Kirubai, pelo seu apoio fiável na realização do meu trabalho de investigação.

A minha sincera gratidão aos membros da minha família por terem sido firmes em ajudar-me a alcançar o objetivo da minha vida. O meu reconhecimento excecional à minha mulher, Juhi Begum, pelo seu apoio inabalável e pela sua empatia. Muito obrigado aos meus dois filhos por terem feito da minha investigação uma experiência alegre e revigorante.

Resumo

Extração de caraterísticas e resumo de revisões de saúde utilizando aprendizagem automática

A Web oferece um manancial de informações sobre críticas que podem revigorar as tarefas de tomada de decisões, desde o produto a comprar até ao médico a consultar para uma determinada doença. Devido ao volume colossal de opiniões disponíveis de diferentes fontes na Web, a gestão de todas as opiniões disponíveis é um processo moroso que pode prejudicar gravemente a produtividade do utilizador. Consequentemente, estas valiosas avaliações fornecem dados colossais de opiniões que impedem, em vez de ajudar, a tomada de decisões, especialmente as que envolvem um grande número de entidades.

A maior parte do trabalho disponível para decifrar este problema geral tem-se concentrado na síntese de opiniões para ajudar o utilizador a considerar todas as opiniões. Infelizmente, em muitos cenários de tomada de decisões, o número de entidades a considerar pode ser bastante grande. Assim, tomar decisões apenas através da leitura de resumos seria incompetente, uma vez que a pessoa teria de ler minuciosamente os resumos de diferentes entidades. Além disso, como a maioria dos sistemas de resumo de opiniões se concentra na produção de resumos altamente estruturados, estes resumos carecem de pormenores que possam incentivar a tomada de decisões.

Nesta tese, postulamos uma forma hábil de resumir as recensões, ou seja, aderir aos pontos fortes das tecnologias de pesquisa com ferramentas de análise e extração de opiniões para fornecer uma plataforma de tomada de decisões poderosa. Esta plataforma especial é designada por Extração de Caraterísticas e Resumo de Análises de Saúde utilizando a Aprendizagem Automática (FESHRML) - uma plataforma que permite aos utilizadores encontrar os aspectos fascinantes das análises e ler os resumos das análises da autoria do consumidor de saúde.

Estudamos três problemas importantes da Extração de Caraterísticas e do Resumo de Revisões de Saúde utilizando a Aprendizagem Automática, a pesquisa abrangente, a análise, a aquisição de dados e o resumo das revisões. Em primeiro lugar, ao propor uma capacidade de pesquisa útil, analisamos o problema da Extração de Caraterísticas e do Resumo de Revisões utilizando Técnicas de Aprendizagem Automática. O segundo trabalho é Resumir Revisões de Saúde usando Análise Semântica Latente (LSA) - onde as caraterísticas são obtidas usando LSA e, em seguida, os resumos são concedidos ao utilizador. O terceiro trabalho consiste na obtenção de caraterísticas salientes a partir das avaliações de saúde utilizando a Análise de Dirichlit Latente (LDA) e resumindo as avaliações.

Índice

Lista de abreviaturas

LSA	Latent Semantic Analysis
LDA	Latent Dirichlet Analysis
PMI	Point Wise Mutual Information
PLSI	Probabilistic Latent Semantic Analysis
KDD	Knowledge Discovery and Data Mining
FSDM	Feature Selection in Data Mining
EBFS	Explanation Based Feature Selection
SVM	Support Vector Machine
POS	Part of Speech
VSM	Vector Space Model
NLP	Natural Language Processing
SVD	Singular Value Decomposition
TF	Term Frequency
IDF	Inverse Document Frequency
LSI	Latent Semantic Indexing

Lista de publicações

1. Mozibur Raheman Khan, Rajkumar Kannan **"Extrair sentimentos e resumir análises de saúde das redes sociais utilizando técnicas de aprendizagem automática"**, Transactions on Machine Learning and Artificial Intelligence, UK, 6(1), No 1, Feb 2018;pp:24-41

2. Mozibur Raheman Khan, Rajkumar Kannan **"Resumindo a revisão de saúde usando análise semântica latente"**, IJSRST, Índia, 4 (5), abril de 2018; pp: 1515-1524

3. Mozibur Raheman Khan, Rajkumar Kannan **"Detectando caraterísticas salientes e resumindo a revisão de saúde usando a análise de Dirichlet latente"**, IJSRCSEIT, Índia, 3 (3), abril de 2018; pp: 506-522

Capítulo 1

Introdução

1.1   Antecedentes

A Web 2.0 libertou dados colossais, como opiniões e análises de produtos e pessoas na Web (Kim et al., 2011). A análise de dados maciços disponíveis na Web, em particular sobre a opinião expressa por peritos e utilizadores leigos, pode ajudar os potenciais consumidores a tomar decisões que vão desde o produto a comprar até ao tratamento a esperar como cura para uma doença. Por exemplo, os compradores do famoso sítio Web Amazon (https://www.amazon.com) podem passar em revista as opiniões sobre o produto antes de o adquirirem. Do mesmo modo, os viajantes seriam ajudados pelas críticas em sítios Web famosos como o Tripadvisor (http://www.tripadvisor.com) para encontrarem um hotel decente no destino pretendido. Estima-se que mais de 70% dos compradores em linha recorrem a críticas e classificações em linha antes de efectuarem uma compra (http://www.onlineshoppers.com)

A extração de caraterísticas implica reduzir a quantidade de recursos necessários para representar um conjunto abundante de dados. Os dados volumosos das avaliações em linha tornam difícil a compreensão de todas as avaliações/opiniões sobre um tópico ou entidade específicos. Considere-se o caso de um consumidor do sector da saúde que implora para visitar um especialista/hospital para diagnosticar o problema de saúde de que sofre. Antes mesmo de visitar o médico ou o hospital, surge-lhe na mente uma infinidade de perguntas sobre o tratamento a efetuar. Recorre a informações sobre as críticas/opiniões disponíveis na Internet para a sua doença. Os investigadores têm-se inspirado em técnicas competentes para fornecer uma solução fácil e austera como meio de sugestão aos que procuram informação. Há uma necessidade imperativa de desenvolver um método competente para os reconhecedores da vasta gama de dados gerados na Web.

1.1.1 Revisão de saúde online

Os sistemas de comunicação modernos resultaram na proliferação da comunicação entre as pessoas, particularmente através das redes sociais, como o Facebook, o Twitter, etc. A Figura 1.1 apresenta um exemplo de avaliação de saúde de um prestador de serviços de saúde obtido em www.ratemds.com. Embora estas críticas não abranjam toda a gama do assunto em questão, abrangem os aspectos principais. O mesmo acontece com um comprador em linha que pretenda comprar, digamos, um computador portátil. A Web apresenta uma proliferação de críticas e opiniões em linha espalhadas por um vasto leque de fontes. A abundância de dados tão gigantescos dificulta a capacidade de decisão do comprador. Esta situação leva a uma tarefa difícil de desenvolver técnicas computacionais abrangentes para ajudar o utilizador a analisar críticas e opiniões colossais.

Durante a tomada de decisão, o utilizador está empenhado em encontrar entidades com base em atributos-chave (por exemplo, preço, marca), limitando assim a quantidade de resultados da pesquisa. Embora a procura baseada em atributos estruturais seja defendida por alguns motores de pesquisa verticais, as sondagens baseadas nas opiniões de outros utilizadores ainda não foram reconhecidas até agora.

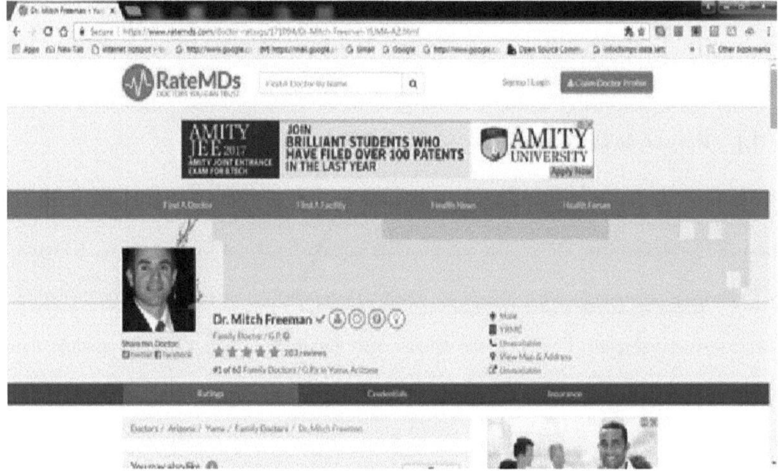

Figura 1.1: A página inicial do sítio www.ratemds.com é a fonte da nossa base de dados de análises

Uma forma eficiente de tirar partido da opinião em linha é englobar tecnologias de pesquisa para recuperar entidades com base em opiniões e conglomerá-las com ferramentas de análise de opiniões e de extração de dados para postular uma poderosa plataforma de tomada de decisões baseada na opinião. Essa plataforma é valiosa em vários aspectos. Em primeiro lugar, uma capacidade de pesquisa baseada na opinião de um utilizador permitiria aos utilizadores encontrar entidades de interesse sem o incómodo de pesquisar todas as opiniões ou resumos de opiniões. Isto também restringiria o espaço de seleção do utilizador, tornando-o manejável. Os utilizadores podem então convergir na utilização das ferramentas de análise para selecionar a entidade que satisfaz as suas necessidades específicas. Por exemplo, no caso de um consumidor de saúde que procura um hospital ou um consultor de saúde especializado, o utilizador pode exigir que o hospital seja limpo e que o comportamento do pessoal seja cortês. A procura de um tal hospital exige uma tecnologia especializada que possa satisfazer as necessidades do utilizador. Com base nos resultados limitados, o hospital ou o consultor de saúde especializado da escolha do utilizador pode ser restringido utilizando as ferramentas de análise disponíveis ou aumentando o filtro adicional. Isto é designado por Sistema de Apoio à Decisão Baseado na Revisão (RBDSS) - um sistema que permite ao utilizador obter e analisar entidades de interesse com base nas opiniões de outros utilizadores da Web.

Que análises de saúde exploramos para a nossa investigação?

Que métodos aplicamos para a extração de caraterísticas?

Racionalizar os procedimentos que utilizamos para classificar a frase de opinião?

Elucidar o processo que associamos à criação de resumos?

Figura 1.2: Questões de investigação relacionadas com a nossa investigação

Antes de embarcar em diversos trabalhos de sumarização de críticas, devem ser postulados os conhecimentos de base sobre alguns tópicos pertinentes importantes empregues para resolver o problema da sumarização de críticas. As principais composições na sumarização de críticas baseiam-se em algumas áreas de investigação estreitamente relacionadas, como a classificação de sentimentos, a sumarização de textos, etc. Nesta secção, são discutidas de forma concisa algumas das principais áreas relacionadas utilizadas para promover sistemas de sumarização de críticas. A maioria destes tópicos foi abordada no estudo de Pang (Pang e Lee, 2008).

1.1.2 Classificação do sentimento

A classificação sentimental converge para a resolução da orientação semântica de palavras, frases e documentos. Os primeiros trabalhos em classificação de sentimentos giravam em torno de palavras individuais. A abordagem habitual consiste em extrair adjectivos de textos e tentar identificar a sua orientação. Mais tarde, foram propostas abordagens distintas para este objetivo. As limitações linguísticas da orientação semântica dos adjectivos são bem exploradas por Hatzivassiloglou e McKeown (1997). Nesta investigação, apresentaram e avaliaram um método que recupera automaticamente a informação sobre a orientação semântica utilizando informação indireta recolhida de um grande corpus. Como este método se baseia no corpus, extrai informações dependentes do domínio e adapta-se espontaneamente a um novo domínio quando o corpus é alterado. Conseguiram uma precisão elevada (mais de 90%) e, embora a ênfase até agora tenha sido colocada nos adjectivos, pode ser diretamente aplicada a outras classes de palavras. Em última análise, o seu objetivo é utilizar este método num sistema copioso para identificar automaticamente antónimos e obter sinónimos próximos. Infelizmente, os dicionários e fontes afins não incluem informações de orientação semântica. Há precisamente uma escassez de ligações entre antónimos e sinónimos, particularmente quando dependem do domínio do discurso. Por exemplo, o antónimo e o sinónimo de touro urso aparecem nos relatórios da bolsa de valores, onde estas duas palavras adquirem significados especializados.

Os autores em (Kamps e Marx, 2001) propuseram uma abordagem baseada na WordNet, utilizando a distância semântica de uma palavra para "bom" e "mau" como critério de classificação. Turney 2002 utilizou a informação mútua pontual (PMI) como distância semântica entre duas palavras para medir a força do sentimento das palavras. Mais tarde, Turney e Littman (2003) descobriram o mesmo utilizando a distância cosseno no espaço da análise semântica latente (LSA) como medida de distância, o que levou a uma maior precisão. Entre os trabalhos de classificação ao nível do documento, o trabalho inicial foi realizado por (Pang et al., 2002) que experimentou várias técnicas de aprendizagem automática com caraterísticas de texto comuns para classificar críticas de filmes. Posteriormente, vários autores introduziram numerosas melhorias nos seus trabalhos (Pang e Lee, 2004; 2005). Outra avaliação de vários métodos de classificação de sentimentos com base em críticas foi efectuada (Dave et al., 2003). Estes autores experimentaram diversos métodos para conceber classificadores de sentimentos utilizando corpus de treino.

A classificação de sentimentos tem sido utilizada na sumarização de opiniões como uma das etapas-chave mais significativas. Embora os resultados da classificação de sentimentos possam ser utilizados como um resumo não sofisticado em si mesmo, o conceito de resumo de opiniões vai para além da simples identificação de orientações de frases, sentenças ou documentos. A abordagem da sumarização de opiniões postula um método holístico que começa com um texto opinativo em bruto até à próxima geração de resumos perceptíveis por humanos.

Bo Pang e Lillian Lee (2002) examinaram a eficácia da aplicação de técnicas de aprendizagem automática ao problema da classificação de sentimentos. Um aspeto desafiante deste problema que parece distingui-lo da classificação tradicional baseada em tópicos é que, enquanto os tópicos são frequentemente categorizados apenas por palavras-chave, o sentimento pode ser articulado de uma forma mais impercetível. Por exemplo, a frase que indica que "como é que alguém pode ficar sentado durante o filme?" não contém uma única palavra que seja inequivocamente negativa. Assim, o sentimento parece implicar mais compreensão do que a habitual classificação baseada em tópicos. Assim, para além de apresentarem os nossos resultados obtidos através de técnicas de aprendizagem automática, também analisam o problema para compreenderem melhor a complexidade da questão.

No seu trabalho, avaliaram se é suficiente tratar a classificação do sentimento simplesmente como um caso especial de categorização baseada em tópicos (sendo os dois "tópicos" o sentimento positivo e o sentimento negativo) ou se é necessário expor métodos especiais de categorização do sentimento. Foram experimentados três algoritmos padrão: Classificação Naïve Bayes, classificação de entropia máxima e máquinas de vectores de suporte. As filosofias subjacentes a estes três algoritmos são bastante diversas, mas cada um demonstrou ser valioso em estudos anteriores de categorização de texto.

1.1.3 Classificação da subjetividade

A classificação da subjetividade procura diferenciar frases, parágrafos ou documentos que apresentam opiniões/avaliações daqueles que ilustram informações factuais. Wiebe (2000) tentou obter caraterísticas de adjectivos de alta qualidade através do agrupamento de palavras (Riloff e Wiebe, 2003; Riloff et al., 2003) utilizando substantivos subjectivos descobertos a partir de dados não anotados. Yu e Hatzivassiloglou (2003) examinaram uma abordagem Bayesiana para avaliar se um documento é subjetivo ou não. A classificação da subjetividade é, no entanto, diferente da classificação do sentimento. A primeira esforça-se por descobrir se uma opinião está disponível ou não e não tenta identificar a orientação das opiniões. Por vezes, a classificação da subjetividade é utilizada como uma etapa de pré-processamento dos dados de entrada para a classificação do sentimento. Ao filtrar as frases objectivas antes da classificação dos sentimentos, a classificação da subjetividade pode aumentar a precisão da classificação dos sentimentos.

1.1.4 Sumarização de texto

Um resumo pode ser definido como um texto gerado a partir de um ou mais textos, que inclui uma parte significativa da informação do(s) texto(s) original(ais) e que não é mais longo do que metade do(s) texto(s) original(ais) (Radev et al., 2003). De acordo com (Mani et al., 1997), a sumarização de textos é o processo de refinar a informação mais eminente de uma fonte (ou fontes) para gerar uma versão resumida para uma utilização (ou utilizadores) e tarefa (ou tarefas) específicas. Existem dois modos representativos de processos de resumo automático. *O resumo extrativo* é um resumo feito através da seleção de segmentos de texto representativos, normalmente frases dos documentos originais. *O resumo abstrativo* não utiliza as frases existentes nos dados de entrada; analisa os documentos e gera frases diretamente. Uma vez que é difícil gerar frases legíveis e completas, os estudos sobre o resumo extrativo são mais generalizados do que os do resumo abstrativo.

Devido às caraterísticas dos dados, a sumarização de opiniões tem aspectos diferentes dos desafios clássicos da sumarização de textos. Num resumo de opinião, normalmente as polaridades das opiniões de entrada são vitais. Por vezes, essas opiniões são dotadas de informações adicionais, tais como classificações. Além disso, os formatos de resumo insinuados pela maioria da literatura sobre sumarização de opiniões são mais estruturados por natureza, com a segmentação por tópicos e polaridades. No entanto, as técnicas de sumarização de texto ainda podem ser benéficas na sumarização de opiniões quando o texto é selecionado e gerado. Depois de separar os dados de entrada por polaridades e tópicos, a sumarização de texto clássica pode ser utilizada para encontrar/gerar o excerto de texto mais representativo de cada categoria.

A maior parte dos trabalhos existentes sobre o aproveitamento das opiniões tem-se concentrado em resumir as opiniões sobre uma entidade ou um tópico para melhorar a aceitação pelo utilizador de todas as opiniões. Infelizmente, em vários cenários de tomada de decisão, as escolhas são amplas e os resumos, por si só, não serão suficientes, uma vez que isso obriga os utilizadores a explorar os resumos de todas as entidades. Isto torna difícil quando o espaço de seleção do utilizador é bastante grande. (por exemplo, escolher um médico, comprar um computador portátil de um determinado fornecedor, etc.). Além disso, uma vez que a maior parte dos sistemas de resumo de opiniões se concentra na criação de resumos altamente estruturados, estes resumos não apresentam pormenores suficientes para ajudar efetivamente nas tarefas de tomada de decisão. Assim, é essencial um conjunto muito mais alargado de ferramentas e técnicas para aproveitar as opiniões em linha de uma forma eficaz para ajudar na tomada de decisões.

Lingwei Zeng e Fang Li (2003) utilizaram caraterísticas implícitas como o produto completo, o serviço ou o atributo e componente do produto. Se uma caraterística aparecer em frases de análise, é especificada como caraterística explícita.

Um par caraterística-opinião é constituído por uma caraterística e uma palavra de opinião. A palavra de opinião é utilizada para alterar a caraterística. Se uma palavra de opinião e a sua caraterística modificada co-ocorrerem numa frase, esse par é classificado como o par caraterística-opinião perspícuo da frase. É designado por <caraterística; opinião>.

A investigação na área da sumarização de documentos convergiu para a proposta de um paradigma para extrair frases salientes do texto e organizá-las racionalmente para promover um resumo de todo o texto. Os trabalhos associados neste domínio incluem (Paice 1990; Kupiec et al., 1995., Hovy e Lin 1999). Enquanto os trabalhos iniciais se centraram na síntese de um único documento, os investigadores posteriores iniciaram a síntese de vários documentos. Devido às caraterísticas dos próprios dados, a sumarização de opiniões tem aspectos diferentes do problema clássico de sumarização de textos. Num resumo de opinião, normalmente as polaridades da opinião de entrada são imperiosas. Por vezes, essas opiniões são complementadas com informações adicionais, tais como classificações. Além disso, os formatos de resumo insinuados pela maioria da literatura sobre sumarização de opiniões são mais estruturados por natureza, com a segmentação por tópicos e polaridades. No entanto, as técnicas de sumarização de texto podem ser benéficas na sumarização de opiniões quando a seleção do texto e o passo de geração (frase incompleta). Após a segmentação dos dados de entrada por polaridades e tópicos, a sumarização de texto clássica pode ser utilizada para encontrar/gerar o excerto de texto mais representativo de cada categoria.

A tónica é colocada na agregação e na representação de informações sobre sentimentos, não recolhidas de um documento individual ou de uma coleção de documentos. Por exemplo, um utilizador pode desejar uma apresentação rápida dos pontos essenciais a preparar numa única análise. O processo de criação de tais resumos de sentimentos de um único documento é descrito na secção seguinte. Outra aplicação considerada no âmbito deste paradigma é a resolução automática de sentimentos de mercado ou a "aprendizagem" maioritária de todo um grupo de investidores a partir das observações individuais desses investidores (Das et al., 2001,

Das et al., 2007). Trata-se de um tipo de sumarização multi-documento orientada para a opinião.

1.1.5 Sumarização orientada para a opinião de um único documento

É percetível uma ligação intensa entre a extração de informação baseada em tópicos de um único documento (Cardie , 1997) e a sumarização baseada em tópicos desse documento, uma vez que a informação extraída pode servir de resumo (Radev et al., 2002) para uma revisão concisa. Obviamente, esta correlação entre extração e sumarização é válida no caso da sumarização baseada em sentimentos.

Uma forma de tornar esta ligação discernível numa sumarização orientada para a opinião de um único documento é a seguinte: há abordagens que criam sumários de sentimentos textuais com base na extração de frases baseadas em unidades de texto semelhantes. Por exemplo, (Beineke et al., 2004) tentam selecionar uma única passagem que contemple a opinião dos documentos do autor, espelhando a prática dos anúncios de filmes que expõem "snippets" de críticas ao filme. Os dados de treino e de teste são obtidos a partir do sítio Web Rotten Tomatoes (www.rottentomatoes.com), que fornece um excerto de aproximadamente uma frase para cada crítica. No entanto, Beineke et al. (2004) referem que a baixa precisão pode resultar mesmo para métodos de extração de alta qualidade, porque os dados do Rotten Tomatoes incluem apenas um único excerto por crítica, enquanto que frases abundantes podem ser uma alternativa impecável.

Em termos de criação de resumos prolongados, Mao e Lebanon (2006) insinuam que, ao seguir o fluxo de sentimentos dentro do documento, ou seja, a forma como a orientação dos sentimentos se transmuta de uma frase para a seguinte, é possível criar resumos de sentimentos selecionando as frases nos extremos locais do fluxo (mais a primeira e a última frase). Uma caraterística fascinante desta abordagem é que, ao incorporar o fluxo de um documento, a técnica tem em conta todo o documento de uma forma holística. Ambas as metodologias procuram selecionar as frases absolutamente importantes.

Em alternativa, poder-se-ia simplesmente extrair todas as frases subjectivas, como foi feito por Pang e Lee (2004) para criar "extractos de subjetividade". Estes autores aludem ao facto de estes extractos poderem ser utilizados como resumos, embora, como já foi referido, convergem para a utilização destes extractos como auxiliares da clarificação da polaridade a jusante, e não como resumos propriamente ditos. Por último, foi referido que as frases também são utilizadas na sumarização de sentimentos em vários documentos, como se mostra no parágrafo seguinte.

Outros métodos de sumarização de sentimentos podem funcionar inequivocamente a partir dos resultados de sistemas de extração de informação orientados para a opinião. De facto, Cardie et al. (2003), articulando sobre o tipo mais restrito de extração referido pelo termo técnico "extração de informação", propõem ver a representação de resumos como modelos de cenários de extração de informação (IE). Assim, solicitam que os métodos de extração de informação sejam adequados para a iniciação automática de representações sumárias baseadas na opinião. Uma observação análoga foi feita por Dini e Mazzini (2002). Note-se que estes modelos de IE não formam um texto lúcido por si só. No entanto, podem ser assimilados em resumos visuais.

A linguagem é a arte da expressão, um resumo de milhares e milhares de intuições individuais. O indivíduo perde-se na criação colectiva, mas a sua expressão pessoal deixou algum rasto de uma certa flexibilidade que é inata em todas as obras colectivas do espírito humano, por Edward Sapir, Language and Literature, 1921. Ligação à análise de sentimentos realçada por Das e Chen (2007).

1.1.6   Modelação de tópicos

O modelo de tópicos é um modelo probabilístico generativo que utiliza a distribuição de vocabulário para encontrar tópicos de textos. A modelação de tópicos engloba as frequências e co-ocorrências de palavras de forma genuína. Por exemplo, se as palavras A e B co-ocorrem recorrentemente e as palavras A e C nunca co-ocorrem, pode postular-se que existe um tópico que inclui as palavras A e B e um tópico diverso que inclui C. Os métodos representativos de modelação de tópicos são a Análise Semântica Latente Probabilística (PLSA) (Hofmann 1999) e a Análise de Dirichlet Latente (LDA) (Blei et al., 2003).

O objetivo da modelação de tópicos é determinar um conjunto de tópicos ou temas a partir de uma vasta coleção de documentos. Com base na probabilidade do tópico, os investigadores esforçam-se por identificar os documentos que são relevantes para cada tema. Por exemplo, numa coleção de documentos composta por análises de computadores portáteis, alguns dos temas podem ser a duração da bateria, o custo, a garantia, etc. É evidente que muitos destes temas resumem caraterísticas do produto em torno das quais as opiniões podem ter de ser resumidas. Se as palavras utilizadas em documentos positivos forem muito distintas das utilizadas em documentos negativos, a modelação de tópicos pode associar tópicos positivos e tópicos negativos. Assim, as abordagens de modelação de tópicos podem ser extremamente úteis na identificação automática de caraterísticas, bem como na classificação de sentimentos para a sumarização de opiniões. A modelação de tópicos normaliza de forma inata as caraterísticas como clusters e os utilizadores não têm de se preocupar com a afinação de parâmetros complicados. Para além disso, se existir conhecimento existente para incorporar, é possível utilizar probabilidades prévias (frase incompleta). Dependendo do conhecimento prévio dos tópicos, cada tópico pode funcionar como uma caraterística ou uma das orientações de sentimento.

1.2   Motivação

Uma opinião pode ser iniciada em qualquer lugar - blogues, sítios de redes sociais como o Facebook e o Twitter, portais de notícias, sítios de comércio eletrónico, etc. As "opiniões" incluem principalmente dados de texto opinativos, como artigos de blogues/revistas, e dados numéricos correlacionados, como a classificação de aspectos (Kim et al., 2011). As opiniões anteriores em linha desempenham um papel imperativo, desde a gestão da reputação individual até ao crescimento global de uma organização. Esta avaliação desempenha um papel substancial no crescimento de uma organização e na reputação atual de um indivíduo. O nosso objetivo é postular o resumo das avaliações de saúde para o consumidor de saúde, o que permite acumular avaliações no domínio da saúde. Uma vez que um perito em saúde pode obter centenas ou milhares de avaliações durante um determinado período de tempo. Uma vez que existe um número enorme de peritos em saúde e cada indivíduo é um perito num ou mais domínios.

Em alguns casos, as análises destes peritos podem ser longas e, em certos casos, as opiniões são reflectidas para uma caraterística distintiva. O consumidor de saúde necessita de informações fiáveis para selecionar o especialista de saúde adequado. Se uma pessoa pretende visitar um hospital para aceder a serviços relacionados com a saúde, não pode tomar uma decisão adequada lendo críticas inadequadas. Mesmo que tome uma decisão com base em informações inadequadas, a sua decisão pode ser tendenciosa. O sofrimento do público e, em geral, do consumidor de saúde, devido à falta de instalações médicas e à escassez de conhecimentos especializados dos consultores de saúde, multiplicou o seu sofrimento. Por isso, é aconselhável analisar o resumo das grandes críticas que exprimem as suas opiniões sobre determinados serviços a que estão inclinados a aceder em qualquer serviço relacionado com a saúde. Em seguida, estas opiniões são resumidas para ajudar o consumidor de saúde a contactar o consultor de saúde adequado.

Apesar dos inúmeros algoritmos sugeridos pelos investigadores, a identificação de caraterísticas e a sumarização das avaliações de saúde continuam a ser um tema de tribulação. Os primeiros investigadores concentraram-se principalmente no resumo das críticas de filmes e há muitos trabalhos centrados principalmente nas críticas de clientes utilizando o conjunto de dados de referência. A aplicação das técnicas computacionais ao domínio da saúde é oportuna e inovadora.

1.3   Objectivos e âmbito da tese

O objetivo principal desta investigação é duplo:

1. Desenvolver um novo método para extrair sentimentos e resumir análises de saúde das redes sociais utilizando técnicas de aprendizagem automática.

2. Para proliferar o sistema de sumarização proposto com base em técnicas matemáticas denominadas Latent Semantic Analysis (LSA) utilizadas para determinar as caraterísticas latentes e, finalmente, Latent Dirichlit Analysis (LDA) é um modelo probabilístico generativo utilizado para detetar o aspeto mais saliente da revisão de saúde e dotar o resumo baseado em caraterísticas para o consumidor de saúde.

Esta investigação centra-se principalmente no desenvolvimento e melhoria de um sistema de resumo que resume uma revisão de saúde de acordo com a preferência do utilizador. Todos estes sistemas de sumarização são avaliados utilizando as medidas de avaliação mais populares: a precisão e a recuperação. A pontuação F1 também é utilizada para mostrar o desempenho geral, combinando a precisão e a recuperação (Hu e Liu, 2004a; 2004b; Ku et al., 2006; Lu et al., 2009). Em especial, a precisão é um método competente para avaliar a classificação do sentimento, que é uma das subtarefas mais importantes na sumarização de opiniões. Além disso, a precisão é um método competente para avaliar o desempenho quando se agrupam ou atribuem textos a algumas categorias/aspectos. No caso de os métodos de sumarização propostos fabricarem alguma pontuação e classificação dos resultados, a correlação de classificação e a perda de classificação são utilizadas como medidas de avaliação (Lu et al., 2009; Titov e McDonald , 2008). A correlação de classificação é uma medida que compara a variância entre duas classificações. A suposta abordagem de sumarização de análises de saúde em ambiente móvel utilizando a análise semântica latente é conseguida apenas através da melhoria da extração de sentimentos e da sumarização de análises de saúde a partir das redes sociais utilizando técnicas de aprendizagem automática. No entanto, a eficácia da abordagem proposta é corroborada pela comparação com as abordagens de deteção de caraterísticas do estado da arte.

1.4   Contribuições da tese

Esta tese contempla o desenvolvimento de métodos tangíveis para detetar caraterísticas de saúde e resumir as análises de saúde para gerar um resumo de saúde. Os contributos autênticos desta investigação são os seguintes.

1.4.1   Extração de sentimentos e resumo de análises de saúde

Propõe-se uma abordagem inovadora que confere o resumo de saúde ao consumidor de saúde com base em caraterísticas ou tópicos interessantes que cada consumidor de saúde normalmente discute antes de tomar qualquer decisão de visitar o prestador de serviços de saúde. Os médicos de renome nacional e internacional têm centenas e até milhares de críticas escritas por consumidores de saúde de todo o mundo. Para um indivíduo, é um processo árduo e mesmo moroso analisar todas as opiniões antes de tomar uma decisão relevante. Assim, é obrigatório resumir as avaliações para que um indivíduo tome uma decisão precipitada. Este trabalho de investigação esforça-se por extrair e resumir as opiniões sobre saúde escritas pelos consumidores de saúde. Este artigo é realizado através da sumarização do texto em três etapas. A primeira consiste em identificar as caraterísticas de saúde que foram comentadas pelo consumidor de saúde, ou seja, identificar as caraterísticas que utilizam os termos mais recorrentes presentes nas revisões de saúde. O passo seguinte consiste em associar as opiniões de cada frase de avaliação e decidir se cada frase de opinião é positiva ou negativa, sendo utilizadas técnicas de aprendizagem automática para determinar a polaridade das frases e, por fim, resumir os resultados.

O sistema é avaliado utilizando a medida mais incrível, conhecida como precisão e recuperação. A pontuação F1 utilizada na nossa investigação mostra o desempenho geral combinando a precisão e a recuperação; esta medida tem sido amplamente utilizada pela maioria dos investigadores. O valor da precisão média é de 0,71 e o objetivo do classificador logístico é classificar os documentos mais relevantes.

1.4.2 Resumir revisões de saúde usando análise semântica latente

Esta parte da investigação tende a defender um sistema de sintetização de resenhas de saúde baseado em caraterísticas. A informação sobre a avaliação da saúde baseia-se nos resultados da classificação dos sentimentos das avaliações. Os resumos de saúde baseados em caraterísticas são fabricados a partir das avaliações do prestador de cuidados de saúde. Para propor uma abordagem completamente única, a Análise Semântica Latente (LSA) ajuda a discernir as opções de saúde. Além disso, é necessário diminuir as dimensões do contorno apoiado nas opções de saúde obtidas a partir da LSA. A abordagem considerada ascendente é utilizada para a recolha de opiniões e esta abordagem permite uma maior fiabilidade entre os consumidores de produtos de saúde. Ponderamos sobre a precisão da classificação de cada sentimento e o tempo de resposta do sistema. A sumarização da análise de saúde pode ser coordenada com as análises de diferentes prestadores de serviços. Nos últimos anos, assistiu-se a um aumento significativo da análise das avaliações e das técnicas que foram desenvolvidas para avaliar numerosas técnicas de sumarização em vários domínios.

O objetivo deste trabalho de investigação é fornecer resumos curtos de avaliações de saúde elaboradas por clientes de saúde para fornecedores de serviços de saúde divergentes. Neste caso, o desempenho global do SVM aumenta significativamente e a precisão média é boa, uma vez que são classificados mais documentos relevantes.

1.4.3 Detectando Caraterísticas Salientes e Resumindo Revisões de Saúde usando Análise de Dirichlet Latente

Os consumidores de saúde, sobretudo os prestadores de serviços de saúde, escrevem críticas sobre saúde. Uma vez que o número de avaliações é colossal, é obrigatório resumir essas avaliações. Neste trabalho de investigação, defende-se uma abordagem simples para selecionar os tópicos interessantes da discussão dos consumidores de saúde quando avaliam os seus prestadores de serviços de saúde online. A nossa abordagem não depende de qualquer marcação manual da informação e funciona com base no texto das avaliações online. Um grande conjunto de avaliações é analisado e verificado quanto aos tópicos discutidos aquando da avaliação de prestadores de serviços de diferentes especialidades. A informação sobre a classificação de saúde é composta pelo resultado da classificação de sentimentos. As descrições condensadas das avaliações de saúde são concebidas a partir da sumarização baseada em caraterísticas. Sugere-se uma nova abordagem baseada na Análise de Dirichlet Latente (LDA) para encontrar caraterísticas de saúde. Além disso, é necessária uma abordagem para reduzir o tamanho do resumo com base nas caraterísticas de saúde obtidas a partir da LDA. A precisão média, cujo valor exato, 0,71, é aceitável. Este facto permite observar claramente que os documentos relevantes são classificados com maior precisão. O desempenho global do SVM é bom em comparação com a regressão logística.

1.5O esboço da tese

As secções precedentes explicam o principal objetivo desta investigação, que consiste em conjurar e avaliar o número de técnicas de identificação de caraterísticas e de técnicas de sumarização de revisões de saúde com base nos objectivos identificados. Nesta secção, é ilustrada a estrutura da tese.

O capítulo 2 revê o trabalho relacionado com a identificação de caraterísticas e a sumarização de críticas (frase incompleta). A nossa proposta de abordagem para a extração de sentimentos e o resumo de avaliações de saúde a partir de redes sociais utilizando técnicas de aprendizagem automática é descrita no capítulo 3. O capítulo 4 trata da sumarização de comentários sobre saúde usando análise semântica latente. A nossa abordagem para Detetar Caraterísticas Salientes e Resumir Críticas de Saúde usando Análise de Dirichlet Latente (LDA) é descrita no capítulo 5. Finalmente, o capítulo 6 apresenta um resumo dos resultados da investigação e a direção do trabalho futuro.

Capítulo 2

Revisão da literatura

Neste capítulo, é apresentada uma sinopse do trabalho de investigação relacionado com a seleção de caraterísticas, a sumarização de textos, a classificação de sentimentos e a sumarização de opiniões. Posteriormente, são reveladas algumas deficiências relativamente aos métodos discutidos e são apontados os objectivos de investigação definidos.

2.   1Trabalhos relacionados com a seleção de caraterísticas

Na literatura recente, é possível encontrar um número substancial de postulações de investigação para identificar as caraterísticas das opiniões dos clientes. A identificação de caraterísticas é uma técnica competente para a redução da dimensão e um passo indispensável em aplicações de extração de dados bem sucedidas. É uma área de investigação de grande conotação prática e tem sido desenvolvida e evoluída para responder aos desafios decorrentes de dados de dimensionalidade cada vez mais distinta (Han e Kamber, 2001). Os seus benefícios diretos incluem: construir modelos engenhosos e mais compreensíveis, melhorar o desempenho da extração de dados e ajudar a preparar, limpar e compreender os dados. No entanto, nesta secção, serão abordados os trabalhos de investigação contemporâneos que pertencem a diferentes domínios e as soluções correspondentes.

A extração de dados é um esforço multidisciplinar para extrair pepitas de conhecimento dos dados. Os investigadores estão a compreender que, para que a extração de dados seja bem sucedida, a seleção de caraterísticas é uma componente indispensável (Liu e Motoda, 1998; Liu e Motoda, 2007). A seleção de caraterísticas é um processo de seleção de um subconjunto de caraterísticas originais de acordo com critérios precisos, e é importante e diminui o número de caraterísticas, remove caraterísticas irrelevantes, redundantes ou ruidosas, e gera efeitos palpáveis para as aplicações: acelerar um algoritmo de extração de dados, melhorar a precisão da aprendizagem e levar a um aumento da compreensibilidade do modelo. Inúmeros estudos mostram que algumas caraterísticas podem ser erradicadas sem deterioração do desempenho (A.Y. Ng. 2004; Donoho, 2006).

A seleção de caraterísticas tem sido um domínio de investigação indispensável durante décadas na extração de dados e tem sido amplamente aplicada em muitos domínios, como a análise genómica (Inza et al., 2004), a extração de textos (Forman, 2003), a recuperação de imagens (Gonzalez e Woods, 1993; Swets e Weng, 1995), a deteção de intrusões (Lee et al., 2000), para citar alguns. Com o aparecimento de novas aplicações nos últimos anos, surgem muitos desafios que exigem novas teorias e métodos para lidar com dados complexos e de elevada dimensão. A seleção de caraterísticas para dados de dimensionalidade ultraelevada (Fan et al., 2009), dados de vapor (Glocer et al., 2005), dados multitarefa (Liu et al., 2009; G. Obozinski e Jordan, 2006) e dados de múltiplas fontes (Zhao et al., 2008) são alguns dos tópicos de investigação emergentes de necessidade urgente.

Liu et al. (2010) apresentam uma visão unificada para um processo de seleção de caraterísticas. Os processos típicos de seleção de caraterísticas compreendem duas fases: seleção de caraterísticas, ajuste do modelo e avaliação do desempenho. A fase de seleção de caraterísticas contém três passos: (1) fabricar um conjunto de candidatos que contenha um subconjunto das caraterísticas originais através de estratégias de investigação explícitas; (2) avaliar o conjunto de candidatos e avaliar a utilidade das caraterísticas no conjunto de candidatos. Com base na avaliação, algumas caraterísticas do conjunto candidato podem ser descartadas ou adicionadas ao conjunto de caraterísticas selecionadas de acordo com a sua relevância; e (3) determinar se o conjunto contemporâneo de caraterísticas selecionadas é suficientemente bom utilizando um critério de paragem preciso. Se for positivo, o algoritmo de seleção de caraterísticas reverte o conjunto de caraterísticas selecionadas; caso contrário, repete a operação até encontrar o critério de paragem. No processo de preenchimento do conjunto de candidatos e da sua avaliação, um algoritmo de seleção de caraterísticas pode sustentar a informação proveniente dos dados de treino, das caraterísticas atualmente selecionadas, do modelo de aprendizagem-alvo e de conhecimentos prévios (Helleputte e Dupont, 2009) para induzir a sua pesquisa e avaliação. Uma vez selecionado um conjunto de caraterísticas, este pode ser utilizado para alterar os dados de treino e de teste para o ajuste e a previsão do modelo. O desempenho obtido por um determinado modelo de aprendizagem nos dados de teste também pode ser utilizado como um indicador para avaliar a eficácia do algoritmo de seleção de caraterísticas para esse modelo de aprendizagem.

No processo de seleção de caraterísticas, os dados de treino podem ser rotulados, não rotulados ou parcialmente rotulados, o que levou ao desenvolvimento de algoritmos de seleção de caraterísticas supervisionados, não supervisionados e semi-supervisionados. No processo de avaliação, um algoritmo de seleção de caraterísticas regulado (Sikonja e Kononenko, 2003; Weston et al., 2003; Song et al., 2007;Zhang et al., 2008) determina a relevância das caraterísticas contemplando a sua correlação com a classe ou a sua utilidade para realizar uma previsão precisa, e sem rótulos, um algoritmo de seleção de caraterísticas não supervisionado pode explorar a variância dos dados ou a distribuição dos dados na sua avaliação da relevância das caraterísticas (Dash e Liu, 2000; He et al., 2005). Um algoritmo de seleção de caraterísticas semi-regulado utiliza uma pequena quantidade de dados rotulados como informação adicional para melhorar a seleção não supervisionada de caraterísticas.

Dependendo de como e quando a utilidade das caraterísticas selecionadas é avaliada, podem ser apreciadas diferentes estratégias, que se dividem em três categorias: modelos de filtro, modelos de invólucro e modelos incorporados. Para avaliar a utilidade das caraterísticas, na fase de avaliação, os algoritmos de seleção de caraterísticas do modelo de filtro baseiam-se na análise das caraterísticas gerais dos dados e na avaliação das caraterísticas sem envolver qualquer algoritmo de aprendizagem.

Os algoritmos de seleção de caraterísticas com o filtro e os modelos incorporados podem abdicar de um subconjunto de caraterísticas selecionadas ou dos pesos (que medem a relevância das caraterísticas) de todos os atributos. De acordo com a categoria do resultado, os algoritmos de seleção de caraterísticas podem ser divididos em algoritmos de ponderação de caraterísticas ou algoritmos de seleção de subconjuntos. Os algoritmos de seleção de caraterísticas do modelo envolvente devolvem habitualmente subconjuntos de caraterísticas, pelo que são algoritmos de seleção de subconjuntos. Tanto quanto sabemos, atualmente, a maior parte dos algoritmos de seleção de caraterísticas são concebidos para lidar com tarefas de aprendizagem com uma única fonte de dados. Os investigadores começaram a verificar a capacidade de utilizar múltiplas fontes de dados auxiliares e de conhecimentos prévios para a seleção de caraterísticas com múltiplas fontes (Zhao e Liu, 2008), a fim de aumentar eficazmente a fiabilidade da estimativa da relevância.

Dada a riqueza da literatura existente no domínio da seleção de caraterísticas, é necessária uma síntese sistemática e estudos comparativos para potenciar a investigação e a aplicação de técnicas de seleção de caraterísticas. Recentemente, foram publicados vários estudos para atingir este objetivo. Em (Liu e Yu, 2005) é possível obter um levantamento exaustivo das técnicas de seleção de caraterísticas e um quadro geral para a sua unificação.

A exposição do conhecimento e a extração de dados (KDD) é um empreendimento multidisciplinar. Investigadores e profissionais de várias disciplinas e de diversos sectores de TI confrontam-se com questões análogas na seleção de caraterísticas, e há uma necessidade persistente de troca e discussão contínua de desafios e ideias, explorando novas metodologias e abordagens inovadoras. O workshop internacional sobre Seleção de Caraterísticas em Data Mining (FSDM) funciona como uma plataforma para promover o esforço colaborativo e interdisciplinar na investigação sobre seleção de caraterísticas. O FSDM 2005 e 2006 foram organizados com a SIAM Conference on Data Mining (SDM) 2005 e 2006, respetivamente.

O FSDM 2008 foi realizado no âmbito da Conferência Europeia sobre Aprendizagem Automática e Princípios e Práticas de Descoberta de Conhecimento em Bases de Dados (ECML/PKDD) 2008 e o FSDM 2010 é o quarto workshop desta série, e realiza-se no âmbito da 14ª Conferência Pacífico-Ásia sobre Descoberta de Conhecimento e Extração de Dados (PAKDD) 2010.

Este esforço consiste em explorar problemas novos na investigação sobre a seleção de caraterísticas; desenvolver novos algoritmos de seleção de caraterísticas ou melhorar os existentes e alguns estão a conceber algoritmos benéficos para resolver problemas do mundo real. O desenvolvimento atual da investigação científica será precedido pela prevalência de dados de dimensão ultraelevada provenientes de técnicas de alto rendimento (Fan et al., 2009) e pela disponibilidade de muitas fontes de conhecimento benéficas resultantes do trabalho coletivo de investigação de ponta.

2.   2Trabalhos relacionados com a identificação implícita de caraterísticas

Noutro trabalho associado, Lingwei Zeng e Fang Li (2003) dão ênfase à identificação de caraterísticas implícitas. Defendem uma nova abordagem baseada na classificação para lidar com o problema da identificação de caraterísticas implícitas.

A sua abordagem é constituída por três etapas principais. O objetivo principal da primeira etapa é obter pares caraterística-opinião explícitos a partir das opiniões dos clientes; para o efeito, insinuam um método baseado em regras. No segundo passo, considerando a situação em que algumas palavras de caraterísticas diferentes se referem à mesma caraterística, eles armazenam estes pares caraterística-opinião para cada palavra de opinião. De seguida, acumulam o documento de treino para cada par caraterística-opinião agrupado, reunindo frases rotuladas pelo par caraterística-opinião a partir das opiniões dos clientes. No terceiro passo, como o par caraterística-opinião pode ser englobado como tópico ou categoria da frase, articulam a identificação da caraterística implícita num problema de classificação de texto. A sua implicação é muito diferente dos trabalhos de investigação existentes. A abordagem utilizada pelas investigações anteriores baseia-se na extração de regras de associação. A ideia central deste método consiste em utilizar regras de associação extraídas para correlacionar a caraterística implícita, encontrando o mapeamento de uma caraterística distinta para a palavra de opinião.

Embora a contemplação baseada em regras de associação seja muito útil e eficaz para determinar a caraterística implícita de alguns tipos de palavras de opinião que têm caraterísticas relativamente fiáveis, por exemplo, a palavra de opinião "barato" é perpetuamente utilizada para elucidar o preço do produto, mas não consegue concordar com muitas situações multifacetadas, por exemplo, a palavra de opinião "bom" é frequentemente utilizada para retratar muitas caraterísticas, tais como sinal, ecrã e câmara, ao ingerir as regras extraídas só pode mapear a palavra de opinião "bom" para uma caraterística discernível, o que não é correto para muitos outros contextos diferentes. Ao considerar tanto a relação associada como o contexto da palavra de opinião, a nossa configuração baseada na classificação é capaz de percecionar diferentes caraterísticas implícitas para a palavra de opinião em diferentes situações de utilização. Para além disso, as abordagens baseadas em regras geralmente requerem a definição de parâmetros de limiar para eliminar as regras, ao passo que a nossa abordagem não tem configurações tão triviais.

A definição de caraterística implícita tem origem no trabalho de Liu et al. (2005). Su et al. (2006) utilizaram a análise de associação semântica baseada em Point wise Mutual Information (PMI) para compreender caraterísticas implícitas, mas não foram estipulados resultados experimentais quantitativos. Hai et al. (2011) utilizaram a extração de regras de associação de coocorrência para corroborar caraterísticas implícitas. No entanto, apenas manobraram com palavras de opinião e esqueceram os factos. Por conseguinte, neste trabalho, tanto as opiniões como os factos são tomados em consideração.

Wei Wang et al.(2013) propuseram uma abordagem para a deteção de caraterísticas implícitas persistentes em SVM e Topic Model(TM). O Modelo Tópico, que incorpora restrições baseadas na caraterística pré-definida do produto, é corroborado para extrair os atributos de treino para SVM. No final, vários classificadores SVM são alimentados para treinar os atributos selecionados e utilizados para detetar as caraterísticas implícitas.

2.   3Trabalhos relacionados com a sumarização de resenhas

Baseado em Hu e Liu (2004), o presente trabalho tem como objetivo estudar o problema da *sumarização de opiniões baseadas em caraterísticas* de comentários de clientes de produtos vendidos online. O trabalho é realizado em duas etapas:

- Compreender as caraterísticas do produto sobre as quais os clientes expressaram opiniões (chamadas *caraterísticas de opinião*) e classificar as caraterísticas de acordo com a consistência com que aparecem nas avaliações.

- Para cada caraterística, é classificado o número de comentários de clientes com opiniões positivas ou negativas. As avaliações específicas que expressam essas opiniões são atribuídas à caraterística. Isto acelera a pesquisa das avaliações por potenciais clientes. Com este resumo de opiniões baseado em caraterísticas, um potencial cliente pode ver claramente a opinião dos clientes existentes sobre a câmara digital. Se ele/ela estiver muito entusiasmado com uma caraterística em particular, ele/ela pode aprofundar seguindo o link <revisões individuais> para ver por que os clientes predominantes gostam dela ou o que eles menosprezam.

A sua obrigação é claramente diferente da síntese de texto tradicional (Radev e McKeown, 1998) num grande número de aspectos. Em primeiro lugar, o seu resumo é estruturado e não um outro documento de texto livre (mas mais curto), como é admitido pela maioria dos sistemas de resumo de texto. Em segundo lugar, só se interessam pelas caraterísticas do produto sobre as quais os clientes têm opiniões e também se as opiniões são positivas ou negativas e resumiram as críticas selecionando ou reescrevendo um subconjunto das frases originais das críticas para apreender os seus pontos principais, como na síntese de texto tradicional.

Neste trabalho de investigação, apenas convergem no primeiro passo da sumarização da crítica. Ou seja, o seu objetivo é extrair as caraterísticas do produto que os avaliadores comentaram. O segundo passo para determinar se uma opinião é positiva ou negativa é deliberado nos passos seguintes.

Uma questão que se pode colocar é: porque não pedir ao comerciante ou ao fabricante do produto que contribua com uma lista de caraterísticas? Esta é uma abordagem possível. No entanto, tem uma série de impedimentos: (1) É difícil para um comerciante fornecer as caraterísticas porque pode vender um número substancial de produtos. (2) As palavras utilizadas pelos comerciantes ou pelo fabricante podem não ser análogas às utilizadas pelos utilizadores comuns do produto, embora possam referir-se às mesmas caraterísticas. Este facto causa dificuldades na identificação daquilo em que os clientes estão interessados. Além disso, os clientes podem comentar a falta de determinadas caraterísticas do produto. (3) Os clientes podem comentar algumas caraterísticas que o fabricante nunca previu, ou seja, caraterísticas inesperadas. (4) O fabricante pode não querer que os utilizadores do seu produto conheçam certas caraterísticas frágeis.

2.   4 Trabalho relacionado com a Sumarização de Aspeto Classificado

Num trabalho associado, Lu et al. (2009) propuseram a conceção de um "resumo do aspeto classificado" que fornece uma visão decomposta das classificações globais dos principais aspectos, de modo a que um utilizador possa obter uma perspetiva diferente da entidade-alvo.

Este tipo de decomposição é indispensável porque diferentes utilizadores podem ter aspirações muito diferentes e as classificações globais não são geralmente suficientemente informativas. Por exemplo, um potencial comprador do eBay pode comprometer-se com o tempo de envio, mas não com o atributo do produto. Neste caso, não é suficiente para o comprador conhecer apenas as classificações globais de um vendedor e seria altamente recomendável que os compradores compreendessem as classificações de um vendedor no que respeita ao aspeto *específico* da qualidade do produto.

A sumarização de aspectos avaliados pode potencialmente ajudar os utilizadores a tomar decisões criteriosas, fornecendo informações mais complexas. Os dados de entrada para este problema representam o que os utilizadores normalmente conseguem perceber através de um sítio Web de comentários de uma comunidade, que geralmente consiste numa quantidade colossal de comentários curtos com classificações gerais complementares. Com esses dados, um utilizador só pode obter uma impressão não mitigada olhando para a classificação geral média; é inviável analisar o grande número de comentários para uma análise mais detalhada. Em contrapartida, no resumo do aspeto classificado gerado, a classificação geral é fragmentada em vários aspectos; cada aspeto tem informações de apoio que mostram a convicção na classificação do aspeto; as frases representativas com informações de apoio enriquecem ainda mais os aspectos classificados e podem funcionar como índices para aceder a um conjunto de comentários específicos sobre esse aspeto.

Este tipo de resumo de aspectos classificados também é benéfico, mesmo que os utilizadores atribuam explicitamente classificações a alguns aspectos, porque (1) aqui é viável dividir as classificações em subaspectos mais finos. Por exemplo, as pessoas classificam tipicamente a "comida" nas críticas de restaurantes, mas os utilizadores geralmente desejam saber em que perspetiva a comida é boa ou má. Há receio quanto à saúde ou quanto ao sabor? (2) Os aspectos apresentados podem não abarcar todos os aspectos principais discutidos nos comentários do texto. No sistema eBay, existem quatro aspectos designados para avaliar um vendedor, designados por Detailed Seller Ratings (DSR), nomeadamente "Item como descrito", "Comunicação", "Tempo de envio" e "Custos de envio e manuseamento". Mas seria difícil conhecer o desempenho do vendedor em matéria de "embalagem", "preço" ou "serviço", que podem ser mais úteis para alguns potenciais compradores.

Tanto quanto é do seu conhecimento, este problema de sumarização de aspectos classificados não foi analisado nos trabalhos existentes, embora esteja associado a alguns trabalhos existentes sobre sumarização de opiniões. Especificamente, nenhum trabalho anterior se esforçou ou insinuou algoritmos para decompor uma classificação geral em classificações de aspectos ad hoc obtidos a partir dos comentários.

Eles resolveram este novo problema de sumarização sem supervisão humana ou com supervisão mínima no caso em que o utilizador quer especificar palavras-chave para ilustrar aspectos que devem ser usados para resumir os comentários e decompor a classificação. Os autores propuseram a resolução do problema da sumarização de aspectos classificados em três etapas: (1) extrair os principais aspectos; (2) prever a classificação de cada aspeto a partir das classificações globais; (3) extrair frases representativas. No primeiro passo, recomenda-se um método de modelação de tópicos, denominado PLSA Estruturado, que modela a constituição de dependência de frases em comentários curtos. É ilustrado que melhora a qualidade dos aspectos extraídos quando aferidos com duas linhas de base fortes. No segundo passo, prevê-se a previsão das classificações dos aspectos utilizando duas abordagens diferentes, ambas não supervisionadas: A previsão local utiliza a informação indígena da classificação geral de um comentário para classificar as frases nesse comentário; a previsão global classifica as frases com base num classificador de classificação de nível de aspecto que é assimilado a partir das classificações gerais de todos os comentários. Após as duas primeiras etapas, os comentários são desintegrados em diferentes aspectos e diferentes valores de classificação. Em seguida, as frases selecionadas podem indicar o que foi mais dito nesse aspeto.

Eles decifraram o problema da sumarização de aspectos classificados em três etapas. No primeiro passo, a tarefa é compreender k aspectos interessantes e acumular termos principais nesses aspectos. No segundo passo, previram a classificação de cada aspeto a partir da classificação global, sem qualquer supervisão ou conhecimento externo e, finalmente, tentaram extrair algumas frases representativas para fornecer aos utilizadores algumas pistas textuais para uma melhor compreensão da classificação do aspeto previsto.

2.   5Trabalhos relacionados com a geração de resumos

Embora existam inúmeros formatos de resumos, o formato mais convencional adotado é um resumo estatístico introduzido por (Hu e Liu 2004b; 2004a; 2006; Zhuang et al. 2006). O resumo estatístico utiliza de forma inequívoca os resultados processados das duas etapas anteriores - uma lista de aspectos e resultados da previsão de sentimentos. Ao demonstrar o número de opiniões positivas e negativas para cada aspeto, os leitores podem facilmente reconhecer os sentimentos gerais dos utilizadores em geral. Juntamente com as ocorrências positivas e negativas, todas as frases com previsão de sentimento em cada aspeto são apresentadas na figura 3.2.

Hu e Liu (2006) conferiram estatísticas num formato gráfico. Com a representação gráfica, conseguem obter as opiniões gerais das pessoas sobre o objetivo de forma mais intuitiva. Liu et al. (2005) desenvolveram um software, o Opinion observer, que ilustra as estatísticas da orientação da opinião em cada aspeto e até permite aos utilizadores comparar estatísticas de opinião de vários produtos. Este formato de resumo foi adotado de forma abrangente, mesmo no mundo comercial.

Embora os resumos estatísticos ajudem os utilizadores a conhecer a ideia geral da opinião das pessoas, por vezes, a leitura do texto real é indispensável para compreender as especificidades. Devido à grande quantidade de opiniões sobre um tópico, a apresentação de uma lista completa de frases não é muito conveniente. Para resolver este problema, muitos dos estudos recentes (Titov e McDonald, 2008; Popescu e Etzioni, 2005; Lu et al., 2009) tentam mostrar pequenos pedaços de texto como resumo. Utilizam diversas granularidades de resumos, incluindo granularidades ao nível da palavra, da frase e das frases.

Com os métodos de modelação de tópicos, é habitualmente fornecido um resumo ao nível das palavras para cada tópico (Titov e McDonald, 2008) porque a enumeração de palavras e a sua probabilidade é um resultado natural das abordagens de modelação de tópicos. Popescu e Etzioni (2005) também utilizaram a seleção de palavras como resumo. Classificam as palavras de opinião correlacionadas com as caraterísticas e mostram a palavra com opinião mais forte para cada aspeto. Indo para além dos resumos ao nível das palavras, Lu et al. (2009) enumeraram que é possível fabricar frases representativas curtas (com elevada ocorrência) utilizando abordagens de agrupamento. No entanto, esta abordagem só é avaliada em comentários do eBay, que são bastante curtos para começar. Um resumo ao nível da frase pode fornecer um nível de compreensão enraizado de um tópico. (Mei et al., 2007) determinaram a probabilidade de cada frase corresponder a cada tópico utilizando a probabilidade das palavras na modelação de tópicos do modelo TSM. Ao escolherem a frase mais bem classificada em cada categoria, conseguem mostrar a frase mais representativa. (Ku et al., 2006), por outro lado, classificam as frases com base no TF-IDF das suas palavras e selecionam a frase mais adequada e discriminativa para ser apresentada como resumo.

Lu et al. (2009) propuseram o resumo avançado, *classificações agregadas*, que conglomera o resumo estatístico e a seleção de texto. Com base nos aspectos consumados através de agrupamento e modelação de tópicos, calculam a média dos resultados da previsão de sentimentos de frases para aspectos distintos como classificação final de sentimentos para esse aspeto. As classificações dos aspectos são apresentadas com frases representativas.

Ku et al.(2006) e Mei et al.(2007) mostraram tendências de opinião ao longo de uma linha temporal. A sumarização geral de opiniões discerne sobre a procura de estatísticas dos dados "actuais". Na realidade, as opiniões vão-se substituindo com o passar do tempo. O resumo de opiniões com uma cronologia ajuda-nos a perceber facilmente a tendência das opiniões sobre um objetivo e pode também dar-nos ideias para uma análise mais aprofundada. Para determinar o que muda a opinião das pessoas, pode ser analisado para encontrar os eventos que ocorrem nas mudanças drásticas de opinião. Por exemplo, pode facilmente compreender-se que há uma mudança drástica de opinião no dia das eleições.

Capítulo 3

Extração de sentimentos e resumo de análises de saúde

3.   1Introdução

Este capítulo apresenta a abordagem proposta para extrair sentimentos e resumir as avaliações de saúde das redes sociais utilizando técnicas de aprendizagem automática. A extração de sentimentos a partir de críticas de saúde é uma tarefa útil para os consumidores do sector da saúde, que podem obter as últimas actualizações sobre aspectos interessantes que ocorreram no sector da saúde. Tal como referido na secção 2.3, os métodos existentes de deteção de caraterísticas-chave das avaliações dos clientes de vários produtos vendidos em linha podem ser ativamente considerados para serem aplicados às avaliações de saúde obtidas em www.ratemds.com.

Nalguns casos, as críticas podem ser colossais e, noutros, as opiniões são a manifestação de uma caraterística específica. Se uma pessoa quiser visitar um hospital para aceder aos serviços de saúde, pode não tomar uma decisão pertinente lendo algumas críticas. Mesmo que tome a decisão, o veredito pode ser tendencioso. A agonia do público e, em geral, dos consumidores de saúde devido às más instalações médicas e à falta de conhecimentos dos consultores de saúde multiplicou a sua resistência. Por conseguinte, é aconselhável examinar o resumo das grandes críticas antes de tomar uma decisão final. Assim, surge a necessidade de acumular as opiniões que expressam os seus pontos de vista relativamente a determinados serviços a que podem aceder ou antes de se prepararem para comprar qualquer produto. Em seguida, estas opiniões são resumidas para ajudar os consumidores de saúde a acederem ao consultor de saúde adequado

As "opiniões" incluem principalmente dados de texto opinativo, como artigos de blogues/revistas, e dados numéricos associados, como a classificação de aspectos (Kim, Hyun

Duk et al., 2011). Alguns dos sítios Web contêm informações úteis relacionadas com o domínio da saúde. A figura 1.1 apresenta as críticas e classificações de 1,7 milhões de prestadores de cuidados de saúde e de 2,6 milhões de médicos, tal como retratadas no sítio Web www.ratemds.com.

O objetivo desta investigação é analisar o problema da criação de *resumos baseados em caraterísticas* de avaliações de saúde feitas por diferentes consumidores de saúde em diversos intervalos de tempo. Neste caso, por *caraterísticas* entende-se habitualmente as caraterísticas (ou atributos) do médico e dos membros da sua equipa de apoio.

Dado um conjunto de avaliações de saúde de um determinado consultor de saúde, a tarefa envolve três subtarefas: o primeiro passo consiste em compreender as caraterísticas de saúde do médico sobre as quais os consumidores de saúde expressaram conspicuamente as suas opiniões; o passo seguinte, para cada caraterística, é manifestar frases de avaliação que dão opiniões positivas ou negativas; e, finalmente, iniciar um resumo utilizando a informação apurada. Abaixo está um exemplo de resumo baseado em caraterísticas. Considere as opiniões de um determinado médico, por exemplo, especialista em saúde. O resumo parece-se com o seguinte:

A Figura 3.1 mostra as caraterísticas de pontualidade do pessoal e do médico. Há uma avaliação de saúde que retrata opiniões e conhecimentos positivos sobre o pessoal e uma avaliação que ilustra opiniões negativas sobre os conhecimentos. Com este resumo baseado em caraterísticas, é possível compreender a opinião geral sobre um determinado médico. Se a pessoa estiver muito interessada numa determinada caraterística, pode aprofundar a sua análise, consultando as frases individuais da avaliação para compreender o nível de satisfação do consumidor de saúde ou a queixa do consumidor. No caso de um médico de renome/hospital de renome, o avaliador de saúde pode examinar o resumo para compreender

a sua funcionalidade e a solução correspondente, de modo a poder prestar os serviços
necessários para satisfazer as necessidades do consumidor de saúde.

<table>
<tr><td colspan="1">Resumo de um especialista em saúde</td></tr>
</table>

Caraterística: pessoal
Positivo:
A equipa do Dr. Freeman é muito simpática e só o seu conhecimento vale o dinheiro extra. Eu sempre saí com uma boa experiência e recomendo-o vivamente a outros que procuram um médico em YumaSubmitted Oct. 27, 2015
Negativo:

Caraterística: Pontualidade
Positivo:
Ele é bom
Negativo:

Caraterística: Recomendação
Positivo: "Médico espetacular! Eu recomendo-o. E não costumo fazer isto, mas estou a falar a sério. □□"
Negativo:

Caraterística: Conhecimentos
Positivo:
A equipa do Dr. Freeman é muito simpática e só o seu conhecimento vale o dinheiro extra. Eu sempre saí com uma boa experiência e recomendo-o vivamente a outros que procuram um médico em YumaSubmitted Oct. 27, 2015
O melhor Dr. que já vi. Ele é conhecedor e preocupa-se.
Negativo:
Este Dr. não aceita o Medicare sem cobrar 100$ por mês a mais

Figura 3.1 Um exemplo de resumo da revisão da saúde

A nossa tarefa é diferente da sumarização de texto tradicional (Goldstein et al., 1999; Salton et al.,1996; Tait. 1983) num grande número de aspectos. No nosso caso, o resumo da revisão de saúde baseia-se em caraterísticas e não num outro documento de texto livre (mas mais curto), como o gerado pela maioria dos sistemas de resumo de texto. Em segundo lugar, o objetivo é encontrar apenas as caraterísticas do médico sobre as quais os doentes têm opiniões e também se as opiniões são positivas ou negativas. A sumarização de texto tradicional encapsula todo o texto original e os pontos proeminentes, mas aqui são seguidas diferentes técnicas para chegar à sumarização das opiniões sobre saúde.

Como indicado acima, a nossa tarefa divide-se em três etapas principais; a primeira etapa consiste em encapsular as caraterísticas de saúde que foram comentadas pelos doentes. Para o efeito, são utilizadas técnicas de extração de dados e de processamento da linguagem natural. Esta parte do estudo foi relatada em Jacquemin (2001). No entanto, por uma questão de abrangência, propõe-se resumir as suas técnicas neste capítulo e também apresentar uma avaliação relativa.

O passo seguinte consiste em selecionar os comentários que contêm frases de opinião e determinar se cada frase de opinião é positiva ou negativa. Note-se que estas frases de opinião devem incluir uma ou mais caraterísticas de saúde identificadas acima. *A orientação da opinião* de cada frase é determinada (se a opinião expressa na frase é positiva ou negativa), através da ordenação de três subtarefas. Em primeiro lugar, um conjunto de palavras adjectivas (que são normalmente utilizadas para exprimir opiniões) é correlacionado utilizando um método de processamento de linguagem natural. Para as caraterísticas selecionadas, estão disponíveis opiniões análogas e estas opiniões são designadas *por palavras de opinião*. A síntese dos resultados é a etapa final que reúne os resultados das etapas anteriores e apresenta-os no formato da Figura 3.8.

O resto do capítulo está organizado da seguinte forma. A secção 3.2 apresenta as técnicas abrangentes para realizar estas tarefas. A secção 3.3 mostra o resumo gerado. Na secção 3.4 são apresentadas as experiências e os resultados e, finalmente, na secção 3.5 é apresentado um resumo e uma discussão para melhorar a abordagem proposta utilizando a análise semântica latente. Foi também implementado um sistema, designado por Sumarização de Resenhas de Saúde. Os nossos resultados experimentais com um grande número de revisões de saúde de médicos disponíveis online revelam que o sistema de resumo de revisões de saúde (HRS) e as suas técnicas são muito apreciados.

3.   2 Sumário de resenhas baseado em recursos

A Figura 3.2 postula a visão geral da arquitetura do nosso sistema de sumarização de análises de saúde. As entradas para o sistema são o nome de um médico e as caraterísticas mais importantes das avaliações análogas. O resultado é o resumo das avaliações, tal como mostrado na secção do prólogo. O sistema faz a sumarização em três passos principais (como discutido anteriormente): o primeiro passo é a extração de atributos de saúde que tenham sido comentados por consumidores de saúde; o segundo é a identificação de frases de opinião em cada revisão e a resolução do facto de cada frase de opinião ser positiva ou negativa e, finalmente, a sumarização dos resultados. Estas etapas são executadas em várias sub-etapas.

3.2.   1 Pré-processamento

Como etapa de pré-processamento, as partes que incluem as críticas foram extraídas de páginas html e estas críticas foram tokenizadas e isoladas em frases individuais. De seguida, para transmitir essas caraterísticas frequentes, foi obtida a opinião de muitos consumidores de saúde. Nas duas últimas etapas, a orientação de cada frase de opinião é percebida e um resumo final é fabricado. Note-se que a etiquetagem POS é a etiquetagem da parte do discurso

(Manning e Schütze, 1999) do processamento de linguagem natural, que nos ajuda a encontrar

caraterísticas e opiniões. De seguida, cada uma das sub-etapas é apresentada.

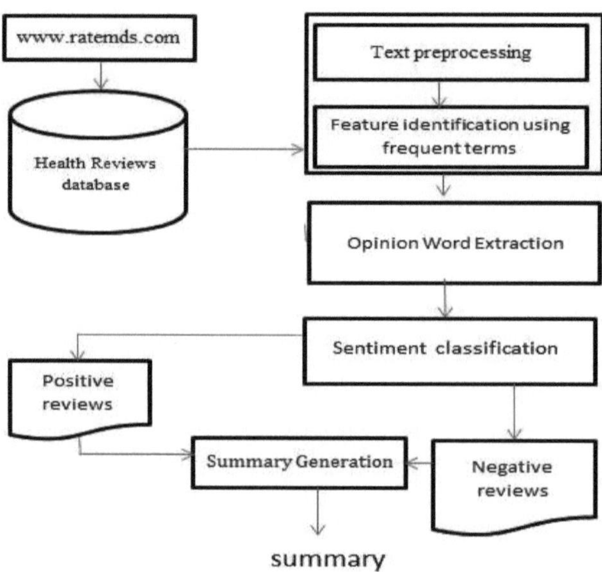

Figura 3.2 Visão geral da arquitetura do sistema de resumo da revisão de saúde

3.2.2 Marcação de parte do discurso   (POS)

A identificação das caraterísticas interessantes da análise de saúde é normalmente feita através

de substantivos ou frases nominais. Assim, a etiquetagem da parte do discurso é decisiva. O

processo também associa grupos simples de substantivos e verbos (syntactic chunking). A

figura seguinte mostra uma frase com as etiquetas POS apresentadas na figura 3.3.

```
<S> <NG><W C='PRP' L='SS' T='w' S='Y'> I </W> </NG>
<VG> <W C='VBP'> sou </W><W C='RB'> absolutamente
</W></VG> <W C='IN'> em </W> <NG> <W C='NN'> admiração
</W> </NG> <W C='IN'> de </W> <NG> <W C='DT'> este
```

Figura 3.3: Marcação POS

3.2.3   Identificação de caraterísticas frequentes

Antes da identificação das caraterísticas pessoais de um indivíduo, muitas pessoas e doentes têm manifestado as suas opiniões. Antes de discutirmos as identificações recorrentes de caraterísticas, expliquemos o que os doentes gostam de dizer sobre as respectivas caraterísticas. A figura 3.4 é um exemplo de uma avaliação efectuada por um consumidor do sector da saúde, obtida no site ratemds.com.

Excelente médico! Uma das poucas vezes que posso dizer que senti que um médico estava genuinamente interessado em ouvir-me e tentar resolver os meus problemas!

Figura 3.4: Um exemplo de revisão da autoria de um consumidor de saúde

Esta frase exprime o contentamento do utilizador com o serviço normalizado que é prestado por um consultor de saúde. Aqui, o doente fala sobre o médico que lhe atribui, como o facto de o ouvir e de resolver o problema do doente. Por vezes, as caraterísticas mais pequenas estão implícitas e são difíceis de encontrar. Por exemplo, *"Adoro este consultório, pois tive um bom serviço e um ótimo médico"*.

Aqui, o consumidor de saúde está a falar sobre o pessoal *do* hospital e outras caraterísticas, mas a palavra pessoal não aparece na frase. Neste trabalho, o foco está em determinar as caraterísticas que se materializam explicitamente como substantivos ou frases nominais nos comentários. Nesta análise, o objetivo é encontrar as caraterísticas frequentes, ou seja, as caraterísticas que são abordadas por muitos consumidores de saúde. No nosso contexto, um conjunto de itens é, discretamente, um conjunto de palavras ou uma frase que aparecem juntos em algumas frases.

O principal objetivo da utilização da extração de associações deve-se às seguintes observações. É habitual que uma avaliação de um cliente contenha muitas entidades que não estão diretamente associadas às caraterísticas do produto. Clientes diferentes têm normalmente narrativas diferentes. Assim, a utilização da extração de associações para encontrar conjuntos de itens recorrentes é pertinente porque esses conjuntos de itens frequentes são prospectivos para as caraterísticas do produto. Quando nenhum cliente se pronuncia sobre um produto ou uma caraterística do produto, diz-se que esses conjuntos de substantivos/nomes são pouco frequentes e que se referem a caraterísticas não relacionadas com o produto.

3.2.4Extracção de palavras de opinião

Esta secção dá ênfase às palavras de opinião e estas palavras são utilizadas principalmente para expressar opiniões subjectivas. Isto está claramente correlacionado com o trabalho existente sobre a distinção entre frases usadas para exprimir opiniões subjectivas e frases usadas para descrever objetivamente alguma informação factual (Wiebe, 2000). As categorias subjectivas e objectivas são hipoteticamente importantes para muitas aplicações de processamento de texto e os trabalhos sobre a opinião subjectiva (Wiebe . et al., 1999, Bruce, R.2000) corroboraram uma correlação positiva e significativa com a manifestação de adjectivos. Assim, a presença de adjectivos é benéfica para prever se uma frase é subjectiva, ou seja, se exprime uma opinião. Neste trabalho de investigação, os adjectivos são utilizados como palavras de opinião. As palavras de opinião citam as frases que compreendem uma ou mais caraterísticas de saúde, uma vez que estamos apenas interessados nas opiniões dos consumidores de saúde sobre esses prestadores de serviços de saúde. Comecemos por organizar uma frase de opinião.

Algoritmo: Para extrair palavras de opinião da revisão de saúde

Entrada: Revisões de saúde

Produção: Palavra de opinião

1: Criar uma palavra de opinião a partir da análise da saúde

2: **Repetir**

3: **para** cada frase da base de dados de recensões, **fazer**

4: **se** a frase contém caraterísticas frequentes, **então**

5:          palavras de opinião← Extrair todos os adjectivos

6: **Fim se**

7: **para** cada caraterística da frase, **fazer**

8: **Se** as frases contêm adjectivos próximos, **então**

9: Opinião efectiva← Adjetivo próximo

10: **Fim se**
11: **Fim** para
12: **Fim** para
 12: **Até às** últimas frases da base de dados

Figura 3.5 Algoritmos para extração de palavras de opinião

3.2.   5Identificação de elementos frequentes

A determinação de caraterísticas frequentes é uma forma muito engenhosa de as pessoas trocarem convencionalmente os seus comentários sobre uma dada entidade. No entanto, há caraterísticas restritas que apenas um pequeno número de pessoas delibera. Estas caraterísticas podem também ser apelativas para alguns doentes/pessoas que pretendem obter benefícios para a saúde e também para os prestadores de serviços. A questão é como extrair estas caraterísticas intermitentes (a extração de associações é incapaz de identificar tais caraterísticas)? Considerando as seguintes frases:

"As instalações do hospital são boas."   "A localização do hospital é boa."

47

```
Algoritmo para encontrar a caraterística infrequente
Entrada : Exame de saúde
Saída: Pouco frequentes Caraterísticas
1: Extração de caraterísticas pouco frequentes da base de dados de recensões
1:Repetir
2: para cada frase da base de dados de recensões, fazer
3: se (não tem nenhuma caraterística frequente mas uma ou mais palavras de
opinião) então          4: {
    5: caraterística infrequente ← Encontrar o substantivo/frase nominal mais
próximo da              palavra de opinião.
    6: }
    7: Fim se
    8: Fim para
    9:Até às últimas frases da base de dados da revisão
```

Figura 3.6 Algoritmos de identificação de caraterísticas pouco frequentes

Predominantemente, o substantivo/frase nominal mais próximo altera a palavra de opinião. Esta heurística ingénua parece funcionar bem na prática. Um problema simples que existe com a identificação de caraterísticas pouco frequentes utilizando palavras de opinião é que pode revelar algumas caraterísticas que são impertinentes. Há uma razão para utilizar adjectivos convencionais para descrever muitos objectos, incluindo tanto caraterísticas interessantes que são cobiçadas como irrelevantes. Este não é um problema profundo porque o número de caraterísticas pouco frequentes, comparado com o número de caraterísticas frequentes, é escasso. Estas caraterísticas representam cerca de 15-20% do número total de caraterísticas, tal como se pode ver nos nossos resultados experimentais. As caraterísticas infrequentes são geradas para serem mais abrangentes. As caraterísticas frequentes são mais importantes do que as pouco frequentes porque é necessário demonstrar o resumo da caraterística frequente em primeiro lugar e depois a caraterística com a classificação mais baixa, pelo que não afectarão a maioria dos utilizadores.

3.2.6 Classificação do sentimento

A classificação de sentimentos é semelhante ao problema tradicional de classificação binária. Existem muitas técnicas de classificação para diferentes domínios. São utilizadas três técnicas de classificação, nomeadamente a regressão logística (LR), a máquina de vectores de apoio (SVM) e a Gaussian Naive Bayes (GNV). A regressão logística é amplamente utilizada em disciplinas que vão do crédito e das finanças à medicina, passando pela criminologia e outras ciências sociais. A regressão logística é considerada muito eficaz. O segundo é o SVM, um algoritmo de aprendizagem automática supervisionado que funciona bem com a categorização de textos existentes (Balahur e Montoyo, 2008). O objetivo deste algoritmo de aprendizagem automática é encontrar uma periferia de decisão entre duas classes que esteja extremamente longe de qualquer ponto nos dados de treino. O objetivo deste algoritmo de aprendizagem automática é encontrar uma periferia de decisão entre duas classes que esteja extremamente longe de qualquer ponto nos dados de treino.

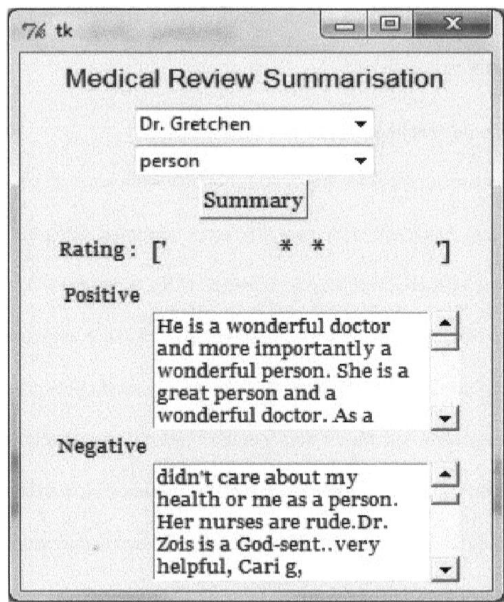

Figura 3.7 Classificação e resumo das análises de saúde

É mais fácil para certos tipos de modelos de probabilidade que os classificadores Bayes ingénuos possam ser treinados de forma muito profissional num contexto de aprendizagem supervisionada. Em muitas aplicações funcionais, a estimativa de parâmetros para os modelos Bayes ingénuos utiliza o método da máxima verosimilhança; por outras palavras, é possível trabalhar com o modelo Bayes ingénuo sem ter de aceitar a probabilidade Bayesiana ou utilizar quaisquer métodos Bayesianos. Com um número reduzido de dados de treino, são calculados os parâmetros necessários para a classificação.

3.   3Geração de resumo

Agora, para gerar o resumo final da revisão baseada em caraterísticas, que é simples, o são utilizados os seguintes passos:

- Para cada caraterística descoberta, as frases de opinião associadas são colocadas em categorias positivas e negativas de acordo com as orientações das frases de opinião.

- A classificação de todas as caraterísticas é obtida de acordo com a manifestação das suas aparições nos comentários. As frases das caraterísticas surgem antes das caraterísticas de uma só palavra, uma vez que as frases são normalmente mais fascinantes para os utilizadores. Também são possíveis diferentes tipos de classificações. Por exemplo, podemos catalogar a classificação das caraterísticas com base no número de críticas que transmitem opiniões positivas ou negativas.

A figura 3.8 ilustra um exemplo de resumo para a caraterística "Recomendar" de um médico. Não é obrigatório que as frases de opinião individuais (e as suas revisões correspondentes, que não são mostradas aqui) possam ser ocultadas através de uma hiperligação para permitir que o utilizador tenha uma visão instantânea da visão global do resumo

Dra. Gretchen

Caraterística Recomendar

Classificação *

Positivo:

<Recomendamo-lo vivamente>

<O Dr. Liddell é maravilhoso e recomendo-o vivamente aos meus amigos e

familiares>

<Ela até se lembra de consultas anteriores que tivemos! As marcações estão

prontamente disponíveis, mas tenho a certeza que assim que a palavra se espalhar como

ela é boa, será mais difícil! Recomendo vivamente a Dra. Bortolotti.

<<Eu finalmente encontrei a minha médica! Demorou 20 anos!!!!Ela nunca nos apressa

a sair do consultório, e se ligarmos para falar com ela, ELA liga-nos de volta. (em vez

de uma enfermeira) Recomendo-a vivamente!!!Recomendo-a vivamente. Recomendo-a

vivamente a toda a gente.

....

Negativo :

<A única queixa é a longa espera para a ver.>

<Por isso, recomendo-a vivamente... Ela não se limita a seguir as regras.>

<" Recomendo-a vivamente! Gosto muito dele e da sua equipa, mas tenho tido alguns

problemas em obter receitas médicas atempadamente, o que considero frustrante, mas

só foi um problema porque eu estava dentro e fora da cidade (e pode ter sido>

...

Figura 3.8 Resumo da análise de um prestador de serviços de saúde

3.4 Experiências   e resultados

Esta secção apresenta a avaliação da abordagem proposta, que foi implementada em python (www.python.org). As secções seguintes apresentarão em pormenor o conjunto de dados e os resultados da avaliação, respetivamente.

3.4.1   Conjunto de dados

A lista de profissionais de saúde especializados inclui ginecologista familiar/geral, podologista, dentista, psiquiatra, ortopedista, cardiologista, gastroenterologista, dermatologista, etc. Para cada especialidade, existem médicos de elite de renome e cada médico acumula centenas de avaliações. Para cento e cinquenta médicos, foram mobilizados 1745 comentários e estes comentários são resumidos. Esta técnica insinuada foi implementada em python e foi avaliada no sistema de extração de sentimentos e de sumarização de opiniões sobre saúde do ponto de vista da classificação. Estes documentos de revisão foram depois limpos para erradicar as etiquetas HTML. Depois disso, são utilizadas técnicas de pré-processamento de NLP para atribuir etiquetas de parte do discurso. O nosso sistema é então utilizado para efetuar a sumarização.

É imperativo determinar se a orientação da opinião é positiva ou negativa. Se o utilizador não der qualquer opinião numa frase, a frase não é etiquetada. Neste trabalho, a orientação só é fixada em frases com opiniões. Há uma complicação trivial na etiquetagem de caraterísticas; as suas caraterísticas podem ser explícitas ou implícitas numa frase. A maioria das caraterísticas aparece explicitamente em frases de opinião, por exemplo, *a pontualidade em "A espera é um pouco longa, mas vale bem o tempo gasto"*. Algumas caraterísticas podem não aparecer nas frases. Exemplo de caraterísticas implícitas é a *pontualidade em "O médico gere corretamente o tempo da consulta"*. Tanto as caraterísticas explícitas como as implícitas são fáceis de determinar pelo etiquetador humano.

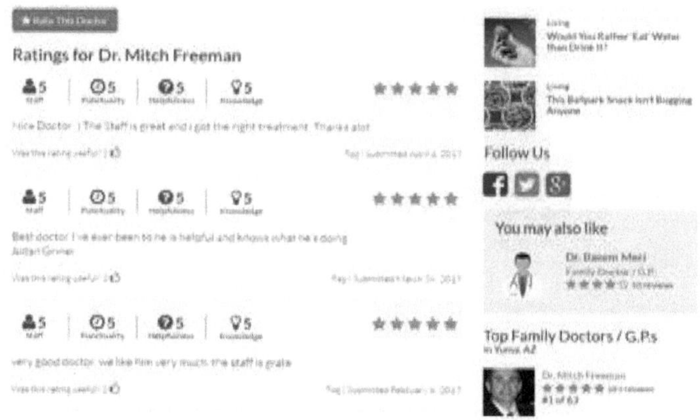

Figura 3.9 Classificação numérica associada à avaliação de um médico Mitch Freeman

Outra questão é o facto de a resolução da avaliação implicar a análise manual de todas as críticas. Para cada frase de uma avaliação, são apresentadas as opiniões do utilizador. Todas as caraterísticas sobre as quais o avaliador expressou a sua opinião são verificadas e as opiniões nas avaliações podem convergir subjetivamente. Não é difícil avaliar se a opinião é positiva ou negativa, mesmo numa frase que exprime a sua opinião sem ambiguidade. No entanto, decidir se uma frase apresenta ou não uma opinião pode ser polémico. Nalguns casos extremos, é essencial chegar a um consenso entre o etiquetador humano primário (o primeiro autor) e o etiquetador secundário (o segundo autor).

3.4.2 Avaliação do desempenho

Os resultados podem ser convalescidos através da aplicação do SVM, que apresenta melhores resultados do que os anteriores. Observa-se que a precisão é melhorada de forma periférica e a recuperação é melhorada drasticamente. Verifica-se uma melhoria dramática suplementar da precisão através da aplicação de técnicas de regressão logística. O nível de recuperação quase não varia em comparação com a etapa anterior.

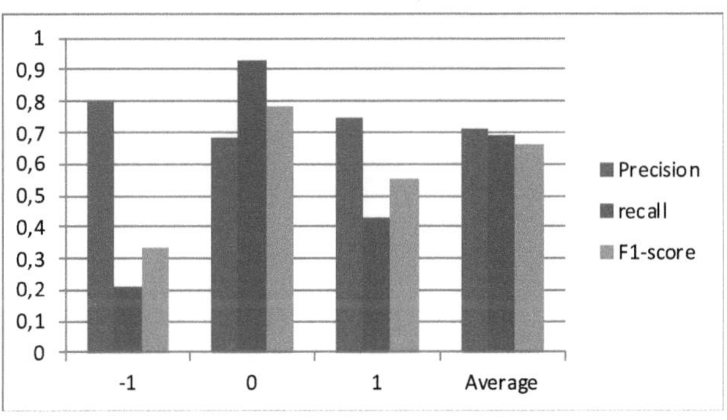

Figura 3.10 Precisão,

recuperação e pontuação F1

utilizando LR para o

conjunto de dados de

análises de saúde

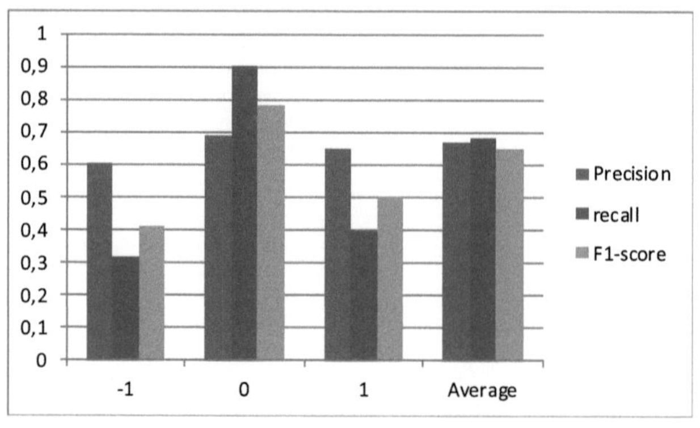

Sentimentos

Figura 3.11 Precisão, recuperação e pontuação F1 utilizando SVM para o conjunto de dados de análises de saúde

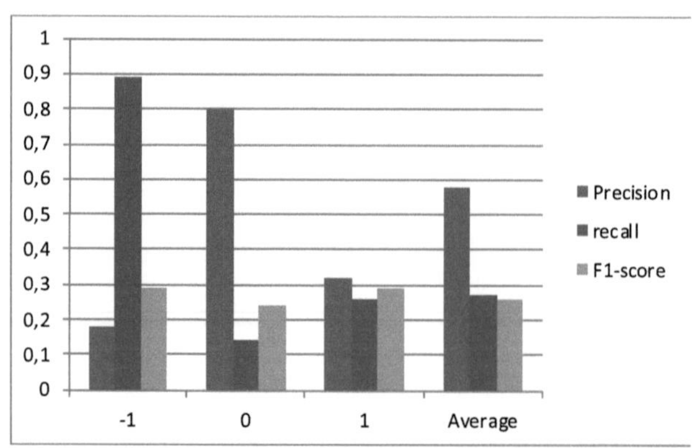

Sentimentos

Figura 3.12 Precisão, recuperação e pontuação F1 utilizando GNV para o conjunto de dados de análises de saúde

3.5 Síntese e discussão

Este capítulo apresenta um conjunto de técnicas para extrair sentimentos e resumir as opiniões sobre saúde corroboradas por métodos de extração de dados e de processamento de linguagem natural. O objetivo é fornecer um resumo baseado em caraterísticas de um grande número de avaliações de saúde de vários médicos disponíveis online. Os nossos resultados experimentais indicam que as técnicas propostas são muito prometedoras na realização destas tarefas. É um esforço acreditar sinceramente que este problema se tornará cada vez mais importante à medida que mais pessoas expressam as suas opiniões na Web. A síntese de tudo isto será conveniente para os consumidores de saúde e também crucial para os fornecedores de serviços de saúde.

A fim de expor caraterísticas semanticamente relacionadas a partir das análises de saúde, é adoptada uma nova abordagem no capítulo seguinte. Na abordagem proposta no próximo capítulo, a análise da semântica latente é utilizada para calcular as caraterísticas latentes. Para compreender este trabalho, pretende-se fornecer um resumo baseado em caraterísticas da informação fornecida com um grande número de avaliações propostas para um determinado fornecedor, utilizando a técnica de identificação de caraterísticas baseada na LSA, de modo a que o resumo da avaliação seja conciso e possa ser acedido impulsivamente na plataforma móvel.

Capítulo 4

Resumindo comentários sobre saúde usando análise semântica latente

4.   1Introdução

No capítulo 3, foi insinuada e analisada uma abordagem inovadora para a extração de sentimentos e o resumo de avaliações de saúde a partir das redes sociais. Os resultados da extração de sentimentos e da sumarização de críticas de saúde a partir das redes sociais, apresentados na secção 3.4, revelaram como o atraso no processamento pode ser reduzido e como o número de caraterísticas duplicadas pode ser reduzido durante a identificação das caraterísticas. Para enriquecer o desempenho da abordagem anterior, é proposto um novo sistema de resumo para a identificação de caraterísticas e para o resumo de análises de saúde utilizando a análise semântica latente, abordada neste capítulo.

Para ser exato, as opiniões em linha estão a desempenhar um papel único na criação de moeda virtual para as empresas que pretendem introduzir os seus produtos, identificando as novas perspectivas de negócio, e também nos ajudam a atingir os melhores padrões. Os telemóveis tornaram-se inequivocamente o atributo mais vital das nossas vidas. A plataforma móvel é atualmente uma das plataformas habituais mais importantes do mundo, utilizada para a troca de quaisquer opiniões, independentemente da localização do fornecedor do serviço. No entanto, a informação digital apresentada nos telemóveis é de tamanho trivial, uma vez que os telemóveis são de tamanho reduzido. Por isso, é necessário um mecanismo adequado que forneça aos utilizadores descrições abreviadas dos documentos, o que acelerará a entrega de conteúdos digitais nos telemóveis. Este capítulo estuda um sistema de relatório de revisão de saúde através da orientação linguística dos comentários, tendo em conta a limitação da capacidade de exibição muito reduzida dos aparelhos celulares e o tempo do sistema de visualização.

Na prática, quando não se é informado sobre um prestador de serviços de saúde selecionado, é uma predisposição para procurar as nossas fontes de confiança para o defender. Sempre que se trata de escolher um fornecedor de serviços de saúde, a tendência é, por vezes, procurar a opinião de outras pessoas. Uma vez que o seu apelo envolve tempo ou dinheiro truncados, a sua opinião recebe uma conotação virtuosa. Com a proliferação da Internet, as pessoas são levadas a antecipar as opiniões dos outros na comunidade Internet antes de comprarem um produto ou verem um filme. Os sítios Web fornecem classificações de utilizadores e comentários genuínos sobre vários serviços. Estes comentários podem reproduzir a opinião dos utilizadores sobre alguns produtos, em virtude de proporem uma gama diferente de serviços.

Considere-se um exemplo simples: os consumidores do sector da saúde expõem as suas opiniões sobre vários prestadores de serviços em www.ratemds.com, o que gera uma quantidade volumosa de opiniões, várias fases de classificação e comentários dos avaliadores. Se um doente tiver de visitar um hospital ou se quiser comprar livros, computadores portáteis ou telemóveis, estes comentários e opiniões manifestam-se sobretudo no seu comportamento de compra. Para além destes sítios, um motor de busca é uma fonte de informação suplementar importante e consistente para que os indivíduos possam contemplar as opiniões de outras pessoas. O programa de computador verifica o seu índice e apresenta um inventário dos conteúdos web que melhor se adequam aos seus critérios, por vezes com um breve resumo que inclui o título do documento e, por vezes, componentes do texto.

Recentemente, registaram-se avanços significativos nos relatórios de texto. Como resultado, várias aplicações que utilizam técnicas de resumo de texto foram disponibilizadas ao público em geral. Tem havido um interesse crescente na comunidade de investigação em técnicas de sumarização de texto no domínio biomédico (Mani, 2002). Afantenos et al.(2005) efectuaram um levantamento da literatura, tendo aclamado os dez estudos mais interessantes sobre a sumarização de textos biomédicos que surgiram entre 1999 e 2003. Desde então, registaram-se avanços muito notáveis nas ferramentas e técnicas de relatório utilizadas no domínio das especialidades da saúde.

Nos últimos anos, a questão da "extração de opiniões" tem merecido uma atenção crescente (Pang, Lee e Vaithyanathan, 2002; Turney, 2002; Esuli e Sebastiani, 2005). Com a proliferação de críticas, classificações, recomendações e vários estilos de expressão em linha, a opinião em linha pode insinuar a informação necessária para as empresas comercializarem os seus produtos, apoiarem novas oportunidades e compreenderem o seu prospeto e, além disso, ajuda a divulgar a reputação de um indivíduo. Por exemplo, a maior parte dos sistemas de recomendação visa aliviar a sobrecarga de informação, distinguindo as coisas que um utilizador pode considerar dignas de atenção, e a filtragem colaborativa é utilizada em vez da filtragem de conteúdos, dependendo das opiniões de clientes comparáveis para defender artigos

(Choi et al., 2010). Em primeiro lugar, a tarefa de determinar se uma avaliação de saúde é positiva ou negativa corresponde à classificação binária da qualidade. Se for apresentada uma avaliação, o classificador esforça-se por classificar se a avaliação é positiva ou negativa. No entanto, as opiniões na área da linguagem são por vezes articuladas de forma refinada e sofisticada. Assim, os desafios podem não ser resolvidos por abordagens ingénuas de categorização de texto, como as abordagens de identificação de n-gramas ou de palavras-chave (Mullen e Collier, 2004).

Neste capítulo, é concebida uma nova abordagem para resumir revisões de saúde usando LSA. Os principais contributos deste capítulo são os seguintes:

- Um sistema de resumo de saúde é competente mesmo num ambiente móvel. O tempo de resposta do sistema é considerado para conceber a aplicação móvel, e também o mesmo estilo de sistema abrangerá diferentes domínios com alterações suplementares.

- Uma abordagem única tem apoiado a LSA para postular opções salientes de fornecedores de saúde. As opções de saúde e as palavras de opinião não escolhem frases aplicáveis para expor um relatório de revisão. Para comprovar a genuinidade de todos os prestadores de serviços de saúde, são divulgados todos os aspectos obtidos automaticamente, de forma ascendente, a partir do texto das avaliações de saúde elaboradas por consumidores de saúde. Os utilizadores podem escolher as caraterísticas que lhes interessam e este mecanismo pode reduzir drasticamente a extensão do resumo. Tanto quanto sabemos, o nosso sistema é o primeiro a adotar a LSA para determinar as caraterísticas de saúde semanticamente relacionadas a partir das avaliações de saúde.

O resto do capítulo está organizado da seguinte forma. A secção 4.2 apresenta a visão geral da decomposição do valor singular. A secção 4.3 explica como identificar a Análise Semântica Latente. Na secção 4.4, a proposta de sumarização baseada em caraterísticas é discutida em pormenor. As experiências e os resultados são apresentados na secção 4.5. Finalmente, na secção 4.6, é apresentado um resumo e uma discussão para desenvolver e melhorar a abordagem proposta utilizando a análise de Dirichlet latente.

4.   2Decomposição do Valor Singular

Por um lado, a SVD é um método para alterar variáveis correlacionadas num conjunto de variáveis não correlacionadas que expõem melhor as várias relações entre os itens de dados originais. Ao mesmo tempo, a SVD é um método para identificar e ordenar as dimensões ao longo das quais os pontos de dados apresentam a maior disparidade. Este facto leva à terceira forma de ver a SVD, que é o facto de, uma vez identificada a maior disparidade, ser possível encontrar a melhor estimativa dos pontos de dados originais utilizando menos dimensões. Por conseguinte, a SVD pode ser vista como um método para a filtragem de dados.

A ideia básica por detrás da SVD é pegar num conjunto de pontos de dados de dimensão proeminente e substancialmente variável e atenuá-lo para um espaço de dimensão inferior que exponha a subestrutura dos dados originais de forma mais lúcida e o ordene da maior para a menor variação. O que torna a SVD prática para aplicações de PNL é o facto de se poder simplesmente tolerar a variação abaixo de um determinado limiar para reduzir massivamente os dados, mas garantindo que as principais relações de interesse são mantidas.

A decomposição reduzida do valor singular é a técnica matemática vital para um tipo de recuperação de documentos e para um método de similaridade de palavras, também designado por indexação semântica latente ou análise semântica latente. A ideia subjacente à utilização da SVD para estas tarefas é o facto de obter os dados originais, normalmente constituídos por uma variante de uma matriz palavra × documento, e dividi-los em componentes linearmente independentes. Estes componentes são, de certa forma, uma abstração das correlações ruidosas encontradas nos dados originais para conjuntos de valores que melhor aproximam a estrutura subjacente do conjunto de dados ao longo de cada dimensão independentemente. Como a maioria desses componentes são muito triviais, podem ser ignorados, resultando numa aproximação dos dados que compreende substancialmente menos dimensões do que o original. A SVD tem a vantagem acrescida de, no processo de redução da dimensionalidade, a representação de itens que partilham a subestrutura se tornar mais análoga entre si, e os itens que eram diversos à partida podem também tornar-se mais dissemelhantes. Em termos práticos, isto significa que os documentos sobre um determinado tópico se tornam mais correlacionados, mesmo que as mesmas palavras não apareçam em todos eles.

4.   3Identificação de caraterísticas de saúde   utilizando LSA

Nesta secção, pretende-se sugerir uma abordagem única apoiada na LSA para discernir termos de caraterísticas ligadas à saúde. Em primeiro lugar, a LSA pode ser uma teoria e uma técnica para avaliar as relações entre um grupo de documentos e, por conseguinte, os termos que produzem ideias correlacionadas com os documentos e os termos. A LSA também pode ser manipulada para qualquer variedade de dados de contagem num domínio definido, que são alegadamente dados de dois modos (Vapnik, 1995).

Suponhamos que temos um corpus de documentos, Docs= $\{d_1, \ldots, d_n\}$ com termos de Words = $\{w_1, \ldots, w_m\}$, o sistema pode construir uma matriz de termos e documentos M, em que a dimensão é n×m e cada entrada na matriz de termos e documentos M_{ij} indica o número de vezes que o termo w_j apareceu no documento d_i. O vetor linha e o vetor coluna são utilizados para representar cada documento d_i e cada termo w_i, respetivamente.

Algoritmo: Identificação de caraterísticas utilizando a análise semântica latente

Entrada: Matriz termo-documento M, k é a dimensão reduzida

Saída: Uma matriz F. onde cada chave representa a semente da caraterística de saúde f.

1: **Começar**

2: Inicializa uma matriz F

3: Converter as matrizes termo-documento e atribuí-las como M

4: Decompõe a matriz original M em três matrizes compatíveis utilizando SVD(M,k)

5: **Para cada** caraterística semente fornecida (S), encontrar a caraterística semanticamente relacionada f

6: **para** $f \in S$ do

7: $W_f \leftarrow$ TermVectorFromTermDocMatrix(f, Â)

8: Inicializar a lista de semelhanças sml

9: $I \leftarrow 1$

10: **para cada** vetor coluna w de Â do

11: sml[i]$\leftarrow W_f$ *W

12:      $I \leftarrow I + 1$

13: **fim**

14: Ordenar (sml)

15: Relfealist$\leftarrow$ Obter as caraterísticas mais relacionadas de (sml,n,Â)

16: F[f]$\leftarrow$ relfealist

17: **fim**

18: return F

19: **Fim**

Figura 4.1 Algoritmos propostos para a análise semântica latente

$$M = U\Sigma V \tag{4.1}$$

U e V das equações (4.1) são matrizes com colunas ortonormais (ou seja, $U^T U = V^T V = I$), e Σ é uma matriz diagonal que contém as raízes quadradas dos valores próprios de U e V por ordem decrescente. A matriz termo-documento inicial pode acelerar as relações latentes subjacentes entre frases e documentos a serem exploradas ao longo da pesquisa. A equação (4.2) mostra que a matriz reduzida Â é obtida através da redução das dimensões k, mantendo as relações importantes. Por conseguinte, apesar de a localização inicial do vetor ser esparsa, o local de baixa dimensão correspondente já não é geralmente esparso. A quantidade de dimensões preservadas na LSA está relacionada com a questão empírica (Landauer et al., 1998). Os diferentes tipos de experiências são realizados e explicados na secção de experiências.

$$\hat{A} = U\ \Sigma'V\ T \approx U\Sigma V\ T = M \qquad\qquad\qquad (4.2)$$

A decomposição em valores singulares (SVD) é testada a partir de três pontos de vista reciprocamente compatíveis. Por um lado, é uma forma de reelaborar variáveis associadas num conjunto de variáveis não relacionadas que revelam melhor as diferentes relações entre os elementos de conhecimento iniciais. Ao mesmo tempo, a SVD é também um sistema para distinguir e ordenar as dimensões nos pontos de informação que revelam a variação mais importante. Isto aponta para a terceira maneira de ver a SVD, ou seja, depois de discernir onde se encontra a variação mais importante, é possível discernir a aproximação mais simples dos pontos de conhecimento iniciais com menos dimensões. Por conseguinte, a SVD é um método de moderação do conhecimento amplamente aceite do ponto de vista matemático.

A entrada para o Algoritmo 4.1 é uma matriz de termos-documentos com as melhores caraterísticas de semente do domínio da saúde. A propriedade espacial reduzida na operação SVD e, em seguida, a gama de caraterísticas afáveis pode ser selecionada para cada uma das melhores caraterísticas de semente. A operação SVD é realizada na matriz termo-documento para encontrar as semelhanças entre o vetor de caraterísticas de saúde da semente e, em pares, os vectores de termos opostos. Os mais elevados podem ser considerados como elementos de saúde relacionados para um elemento de saúde específico. São utilizados dois procedimentos, o primeiro é TermVectorFromTermDocMatrix. É utilizado para obter a ilustração termo-vetorial de uma caraterística de saúde. A melhor semente está destinada a ser um dos termos da matriz termo-documento, e é ingénuo obter a ilustração do vetor-documento correspondente. Entretanto, o sml é utilizado para acumular as semelhanças entre a melhor semente e, portanto, os diferentes termos. Uma vez ordenadas por ordem descendente, podemos obter as mais altas e os nomes das suas caraterísticas correspondentes no procedimento TopRelatedFeatures. Uma vez cumpridas estas etapas, cada semente de caraterística de saúde terá o seu próprio conjunto de termos semanticamente ligados. Esta técnica pode ser aplicada a todas ou quaisquer línguas; não requer qualquer livro de palavras externo, uma vez que o LSA é independente da língua, e utiliza a operação SVD da álgebra.

4.   4Resumo de resenhas baseado em recursos

A Figura 4.2 mostra a conceção de um sistema projetado de resumo de avaliações de saúde baseado em caraterísticas, em que a entrada pode ser o nome de um médico e a caraterística recorrente é escolhida para propor ao utilizador um breve resumo sobre o prestador de serviços de saúde. Estas avaliações de médicos tornam-se as entradas do classificador de sentimentos SVM, que pode categorizar as avaliações em classes de alta ou baixa qualidade. A informação da pontuação é efectuada com base na proporção de avaliações de saúde positivas e negativas. Além disso, para a classificação de sentimento da avaliação de aptidão tem uma propensão para verificar extra a polaridade de uma frase palavras de opinião de vitimização. Depois, o dispositivo fornecerá todos os resumos excepcionais, tanto positivos como negativos, independentemente da polaridade das frases de avaliação. A técnica completa engloba a classificação de sentimentos e a sumarização baseada em caraterísticas. Estes processos são delineados nas secções seguintes.

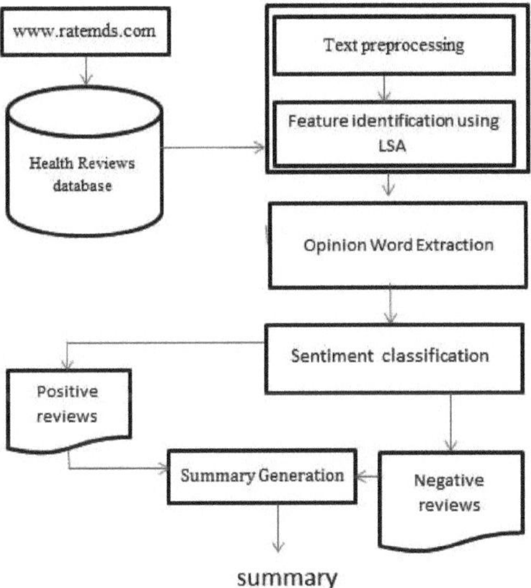

Figura 4.2 Vista arquitetónica do sistema de resumo de resenhas baseado em caraterísticas

4.4. 1Classificação dos sentimentos

Atualmente, vários algoritmos de classificação como o SVM (Pang et al., 2003; Silva, 2010; Rokach, 2005; Zhang, 2006), as árvores de decisão (Hu e Liu, 2004) e as redes neuronais (Zhuang, 2006) estão a ser planeados e revelaram as suas capacidades em vários domínios. O SVM é um dos algoritmos progressivos. O SVM mede a complexidade das hipóteses apoiadas na margem com que isolam a informação e não na quantidade de opções.

Em abordagens sofisticadas de PNL e recuperação de dados (IR), o modelo de saco de palavras procura utilizar uma coleção não ordenada de palavras para representar um texto, independentemente da composição da estrutura da língua e da sua ordem. Por outras palavras, cada palavra no conteúdo textual estipula e também reforça a caraterística principal do documento. Foi adoptada uma abordagem análoga para criar um vetor de caraterísticas do documento. As palavras de paragem são removidas e o stemming é utilizado para representar a palavra de raiz, revelando depois que a palavra distinta pode atuar como uma caraterística. Utilizando estas caraterísticas, é possível gerar um vetor de caraterísticas, podendo também ser utilizados algoritmos de aprendizagem automática para realizar tarefas de classificação. O SVM é utilizado para efetuar a tarefa de classificação. O kernel utilizado no sistema é o de base radial (RBF) e a validação cruzada K-fold é administrada na experiência. A classificação é calculada com base na proporção de críticas positivas e negativas; o sistema pode propor esta informação ao utilizador. Por exemplo, se houver uma centena de avaliações de saúde para um fornecedor de saúde selecionado, se oitenta avaliações forem positivas, a avaliação deste fornecedor é de quatro estrelas.

4.4. 2Resumo da revisão

Foram identificadas caraterísticas de saúde utilizando a fórmula de identificação de caraterísticas de saúde baseada em LSA; o sistema obterá um conjunto de caraterísticas semanticamente ligadas para cada semente. O próximo passo é comparar esta abordagem de identificação de caraterísticas, ou seja, a abordagem baseada em LSA e a abordagem baseada na frequência.

A identificação das palavras de opinião é semelhante à identificação das caraterísticas das caraterísticas, mas a extração das palavras de opinião correspondentes é mais trepidante para a nossa tarefa de resumo. Hu e Liu (2004) extraíram adjectivos próximos como palavras de opinião de caraterísticas de produtos. Para além das caraterísticas da estrutura da frase, os dados de treino de Zhuang et al. (2006) utilizam o gráfico de dependência para estabelecer a relação entre as palavras das caraterísticas e as palavras de opinião correspondentes. Cada um deles pensa na sintaxe da língua para extrair palavras de opinião; assim, estas considerações são aplicáveis às frases da língua que têm essas propriedades. Várias línguas não mantêm a referida sintaxe. Por conseguinte, é utilizada uma abordagem matemática para obter palavras de opinião. Em primeiro lugar, são contemplados os dados de marcação POS das palavras de opinião. Em segundo lugar, a frequência dos termos é tomada em consideração; assim, a frequência das palavras de opinião deve ultrapassar um limiar.

A sumarização baseada em caraterísticas é sinónimo de caraterísticas no topo do resumo; essas caraterísticas são competentes no sistema de relatórios de revisão de saúde. De um modo geral, o relatório baseado em caraterísticas é fomentado por opções de saúde e palavras de opinião. Assim, propõe-se uma tendência para associar a abordagem de filtragem baseada no grau LSA para percolar o conteúdo do esboço apoiado a favor do utilizador. Na descoberta de caraterísticas de saúde, imploramos uma caraterística adequada utilizando LSA para procurar uma caraterística ligada à saúde de um determinado fornecedor de serviços de saúde, e estes termos ligados podem ser simulados como estando semanticamente associados a esta caraterística de saúde. Para cada caraterística de saúde f, o LSA pode perceber os termos de ligação F que estão semanticamente associados a f. Em geral, F pode ser considerado como os termos de ligação de f, e o sistema utilizará F para selecionar frases de contorno. No estilo da aplicação, o sistema propõe todas as frases de contorno no início. As sementes de caraterísticas de saúde mencionadas no método de identificação de caraterísticas baseado em LSA podem promover opções interessadas candidatas.

O sistema permite que o utilizador veja a caraterística f na qual está interessado. Uma vez que o utilizador determina f, o sistema pode criar um esboço que é exposto às opções de saúde F. Uma avaliação de saúde positiva pode incluir comentários negativos relativos a aspectos precisos e contrários. Neste capítulo, a polaridade do sentimento de uma avaliação de saúde utilizando SVM é mantida e obtém-se a polaridade da frase utilizando palavras de opinião. No relatório baseado em caraterísticas, o sistema utilizará a polaridade das palavras de opinião para ver a polaridade das frases. Assim, o sistema apresentará cada relatório de avaliação positiva e negativa, independentemente da polaridade de uma avaliação. A percentagem de críticas positivas e negativas determina a classificação global e comunica-a ao fornecedor ou ao consumidor de saúde. A figura 4.5 ilustra a forma como o utilizador em geral e o consumidor de saúde em particular desejam as opções que lhes interessam. Qualquer que seja a classificação do prestador de serviços, o sistema propõe ao utilizador todas as frases positivas e negativas.

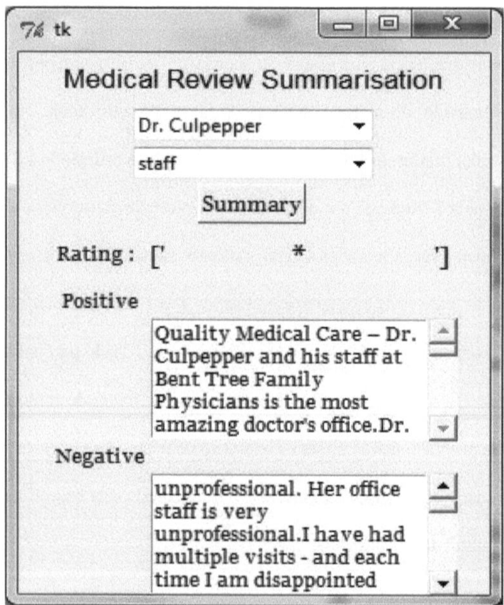

Figura 4.3 Classificação e resumo das avaliações de saúde de um prestador de serviços de saúde

## 4.5Experiências	e resultados

São efectuadas várias experiências para validar o nosso sistema. O SVM é utilizado para realizar a tarefa de classificação de sentimentos e muitas combinações de caraterísticas são utilizadas para contemplar o desempenho do sistema. Quando a aplicação é executada numa plataforma móvel, a precisão da classificação não é o único critério, mas o fator tempo de resposta é o requisito a considerar. Na identificação de caraterísticas de saúde, é necessário empregar uma abordagem baseada em LSA para perceber as opções de saúde criadas pelo consumidor de saúde e comparar esta abordagem com opções baseadas na frequência.

4.5.   1Conjunto de dados

Nesta secção, as análises de saúde são compiladas a partir de www.ratemds.com. Uma vez que a base de dados contém muitas informações adicionais, são efectuadas operações de limpeza e pré-processamento. É obrigatório fornecer os dados de treino para a SVM construir o modelo de classificação e, manualmente, fragmentamos o conjunto de treino em avaliações de alta ou baixa qualidade. Neste caso, foram recolhidas e treinadas 480 críticas positivas e 480 críticas negativas para a construção do modelo de classificação. Para além do conhecimento sobre a construção do modelo, foi armazenado um volume de cinco mil avaliações de médicos na Web.

4.5.   2Classificação de sentimentos

As opiniões na comunicação linguística são normalmente articuladas de forma delicada e sofisticada. Por exemplo, a polaridade de uma frase é alterada quando um termo negativo é mantido na frase. São efectuadas várias experiências para avaliar o nosso sistema. O SVM é utilizado para implementar a tarefa de classificação de sentimentos com muitas combinações de caraterísticas para validar o desempenho do sistema. O tempo de resposta do sistema desempenha um papel muito importante, pelo que é efectuada uma experiência de avaliação do tempo de resposta do sistema. Na identificação das caraterísticas de saúde, propõe-se associar a abordagem baseada principalmente no LSA para detetar as opções de saúde e comparar a abordagem baseada no LSA com a abordagem baseada na frequência.

Verificamos a combinação de caraterísticas possíveis nas experiências para obter a escolha de caraterísticas mais competente. Com a utilidade do modelo de saco de palavras, tendemos a utilizar opções de unigrama, bigrama, negação, localização, frequência e presença para realizar a tarefa de classificação com misturas de caraterísticas completamente distintas. Para além da segmentação de palavras, as palavras de paragem também são isoladas, uma vez que as palavras de paragem não podem fornecer informações suficientes. Na escolha das caraterísticas, as nossas experiências ilustraram adicionalmente que o unigrama com opções de presença supera a palavra escrita com diferentes opções; os resultados são apresentados na tabela 4.3. Para além do unigrama com opções de presença, iniciámos experiências para realizar diversas condições para corresponder às variações das misturas de caraterísticas, e que são representadas da seguinte forma.

- Tipo1:
a) Os termos positivos e negativos são removidos das avaliações de saúde;
b) O critério é selecionado com base na frequência
- Tipo 2: critério de frequência-caraterística, em que o quadrado da frequência do termo deve ser, pelo menos, médio e é definido como a soma média do quadrado da frequência.
- Tipo3: O termo deve ocorrer pelo menos três vezes.

A Tabela 4.1 mostra o resultado experimental. A Tabela 4.2 mostra o resultado da avaliação dos classificadores SVM em avaliações de saúde e recebemos o valor da precisão, da recordação e da pontuação F1, que podem ser comparados com outra abordagem padrão. O unigrama com a caraterística de presença pode ter 39 000 opções, o que requer cerca de cento e quinze segundos para carregar o modelo de classificação. Obviamente, é inviável numa plataforma móvel se a resposta de um sistema demorar cento e quinze segundos. A Tabela 4.3 mostra que o carregamento do modelo de classificação demora cerca de um segundo, o que é viável na plataforma móvel. Por conseguinte, este critério de frequência é utilizado para efetuar a classificação do sentimento

Tabela 4.1: Resultado experimental de várias combinações de caraterísticas

Caraterísticas	Exatidão	Caraterísticas	Exatidão
Unigrama com presença de elemento	82.20%	Tipo I	68.00%
Tipo I + negação	67.00%	Tipo II	75.06%
Tipo II + negação	76,32%	Tipo II + posição	68.04%
Tipo III	73.05%	Tipo III+ negação	72.08%
Tipo III + posição	67.15%	--	--

Tabela 4.2: Cálculo da precisão e da recuperação utilizando SVM

Classificad or	Sentimento	Precisão	Recall	Pontuação F1
	-1	0.65	0.29	0.40
	0	0.68	0.95	0.79
SVM	1	0.69	0.37	0.48
	Média	0.67	0.55	0.55

Tabela 4.3: Carregamento do modelo SVM e resultado da avaliação da previsão (seg.)

Tipo de caraterística	Número de caraterísticas	Carregamento do modelo	previsão
Baseado na frequência	85	.25	< .0625
Unigrama com presença	39000	115	0.5-0.625

.5.3 Identificação de caraterísticas de saúde

Na identificação de caraterísticas de saúde, a abordagem baseada em LSA é identificada com diferentes abordagens que se baseiam predominantemente na frequência. A precisão, a recordação e a unidade de área do valor F são utilizadas para avaliar o desempenho do sistema. Numa abordagem baseada na frequência, todas as unidades de área dos substantivos são hierarquizadas de forma persistente com as suas frequências e, em seguida, a unidade de área mais elevada é selecionada como opções de saúde. As dez principais caraterísticas administradas utilizando a abordagem baseada na frequência são enumeradas a seguir.

Tabela 4.4 Lista das dez melhores caraterísticas utilizando a abordagem baseada na frequência

Tempo	Recomendar	Cuidados	Nomear	Saúde
Em linha	Preocupação	Maravilha	Amigável	Tipo

Assim, os termos como decisão, resultados, sangue e "take-a-look-at" são frequentemente compreendidos na abordagem baseada na LSA. O algoritmo 4.1 é utilizado para perceber as opções de saúde e também as sementes abrangem Prescrição & Testes, Atenção e recomendação.

4.6 Resumo e discussão

Na classificação de sentimentos, Pang (2002) revelou que o unigrama com opções de presença superava diferentes combinações de características3. As nossas experiências adaptam-se aos resultados da análise de Pang. No entanto, em toda a unidade de área de unigramas utilizada no sistema, presume-se que as quantidades de opções sejam colossais. Por exemplo, o nosso conjunto de dados de treino inclui 980 análises de saúde, pelo que o conjunto de opções é de cerca de 39.000. O aparelho deve carregar o modelo SVM em primeiro lugar e, assim, prever a orientação linguística da análise. Na identificação de caraterísticas de saúde, a experiência mostra que a abordagem baseada na LSA transcende a baseada na frequência. O nosso sistema baseado em LSA estabelecerá caraterísticas semanticamente ligadas.

Neste capítulo, as caraterísticas que utilizam o LSA são reconhecidas e resumidas com base nas caraterísticas de saúde. A informação de classificação é obtida a partir dos resultados da classificação de sentimentos. Neste relatório, a LSA é utilizada para a identificação de caraterísticas de saúde e extrai todas as caraterísticas de saúde ligadas. Além disso, é utilizada uma abordagem matemática para reconhecer palavras de opinião. As opções de saúde salientes e as palavras de opinião são utilizadas como base para o relatório baseado em caraterísticas. A quantidade de opções desempenha um papel muito importante no carregamento e na previsão do modelo SVM. Utilizámos opções baseadas em critérios de frequência e, por isso, a experiência revela que demora menos de um segundo a carregar o modelo SVM e a categorizar as opiniões. A abordagem planeada durante este capítulo pode absolutamente utilizar o conteúdo da rede para conceber um relatório de saúde de substituição e um serviço de classificação. O projeto concebido pode mesmo ser aplicado a diferentes domínios sem problemas.

Para reforçar a abordagem proposta, no capítulo seguinte foi proposta uma nova abordagem para resumir a revisão de saúde utilizando a análise de Dirichlet latente. A LDA é um modelo probabilístico generativo de um corpus em que os documentos são representados como uma mistura aleatória de tópicos latentes e cada tópico é caracterizado pela disseminação de palavras.

Capítulo 5

Detetar caraterísticas salientes e resumir comentários sobre saúde usando a análise de Dirichlet latente

5.1 Introdução

O Capítulo 4 propôs e avaliou a sumarização de análises de saúde utilizando LSA e também enfatizou a questão das caraterísticas de identificação que estão semanticamente relacionadas. Este capítulo resume as análises de saúde utilizando LDA. Na comunidade de comunicação sobre saúde, há um pressuposto generalizado de que a recente expansão e o avanço das tecnologias de rede, como a Web 2.0, nomeadamente a rede participativa (conhecida como redes sociais), alteraram o padrão de comunicação, bem como as comunicações relacionadas com a saúde. Um número substancial de pessoas confia na Web como fonte de dados e ajuda para os seus desejos em matéria de saúde (Chou, 2009), havendo uma procura crescente de ferramentas automatizadas, que possam apoiar as necessidades dos compradores de saúde em linha.

Entre as numerosas revoluções importantes trazidas pela Internet está a capacidade de os utilizadores da Internet manterem a confiança nas opiniões uns dos outros, como a criação de selecções que vão desde a escolha de restaurantes, a compra ou o aluguer de uma casa, a venda de um filme, a compra de um computador portátil e assim por diante. Atualmente, a convicção no sector da saúde está em declínio constante; por conseguinte, é indispensável dispor de opiniões de grau de associado provenientes de fontes fiáveis. É por isso que se aplica um pensamento análogo ao domínio da saúde, com uma variedade crescente de sítios da Internet dedicados a avaliações de profissionais de saúde da autoria de compradores de produtos de saúde. Numa aplicação centrada no paciente, os médicos procuram compreender o que é importante para os seus pacientes na seleção de um prestador de cuidados de saúde.

Os doentes beneficiariam se compreendessem quais os aspectos de uma prática de tratamento de outros doentes antes de prestarem atenção ao escolherem um prestador. Para os investigadores no domínio da saúde, é imperativo analisar quais os factores que os consumidores de saúde consideram importantes quando avaliam um prestador de cuidados de saúde, uma vez que isso pode ter impacto nas estratégias de comunicação em matéria de saúde. Por último, do ponto de vista da informática da saúde do consumidor, a disponibilização de ferramentas para treinar e organizar a informação transmitida nas avaliações dos prestadores pode complementar as funcionalidades dos registos pessoais de saúde, desde que as ferramentas sejam suficientemente precisas.

Anteriormente, o nível de satisfação era bem compreendido através de inquéritos e questionários aos doentes, quer para avaliar o efeito de um elemento específico da interação doente-profissional (Frostholm et al., 2005), quer como ferramenta de análise abrangente (Rubin, et al., 1993). No entanto, estes factores são frequentemente corroborados de uma forma descendente, por peritos. Além disso, como são discutidos em relatórios, para recompensa da comunidade científica, os consumidores de saúde nem sempre confiam neles quando escolhem os prestadores de serviços. Os métodos computacionais são propostos para implementar um tipo de análise complementar: descobrir o aspeto chave que induz a satisfação do paciente e encontrar a opinião correspondente para o mesmo aspeto. Ao confiar na experiência colectiva dos consumidores de saúde, tal como articulada no texto das opiniões, propomos compreender os aspectos salientes sobre um prestador que interessam aos próprios consumidores de saúde.

Embora tenha havido recentemente um debate abundante sobre o atributo e o impacto de tal fonte de informação (O'Brien et al, 2007; Hughes, 2008; Eysenbach, 2008), em particular o receio de revisões fraudulentas e a falta de confiança nos autores, há que ter muita consideração na interpretação e utilização dos resultados de qualquer método de análise totalmente automatizado, o fenómeno da revisão pelos pares revela-se uma tendência crescente e uma convicção média dos consumidores de saúde de forma consistente (se apenas medida como o número progressivo de revisões escritas por consumidores de saúde online e sítios Web dedicados a este tipo de conteúdo) (Eysenbach, 2007).

Este trabalho específico depende das avaliações para associar tendências através da extração de texto de grandes quantidades de avaliações, minimizando assim a hegemonia de avaliações enganosas. Por exemplo, o sítio Web HealthGrades permite avaliar nove dimensões, cada uma numa escala de 5 níveis: recomendação geral (recomendaria este médico a amigos e familiares), nível de confiança (confia no médico para fazer recomendações que sejam do seu interesse), em que medida o médico ajuda os doentes a conhecer o seu estado, em que medida o médico percebe e responde a perguntas, o tempo passado com o doente, a facilidade de marcação de consultas, o ambiente do consultório (limpeza, etc.), a simpatia do pessoal do consultório e, por último, o tempo de espera. Outros sítios Web propõem um híbrido de perguntas estruturadas e de texto livre para os avaliadores introduzirem.

Os sítios Web ratemds e Zoc-Doc, por exemplo, fornecem dimensões aferíveis (o Zoc-Doc enumera três dimensões: recomendação geral, comportamento à cabeceira e tempo de espera, enquanto o ratemds enumera quatro: pontualidade, prestabilidade, conhecimento e recomendação geral), mas também toleram que os utilizadores introduzam a sua própria avaliação. A divergência entre os sítios Web indica que as avaliações dos prestadores de cuidados de saúde continuam a ser um género de texto em evolução, sem um conjunto de normas a seguir pelos consumidores de saúde. O facto de o género ser ainda ambíguo é vantajoso para uma análise quantitativa e ascendente, uma vez que o nosso objetivo é descobrir pontos de discussão salientes nas críticas, sem sermos impelidos pela organização da informação de um determinado sítio Web.

Os investigadores em linguística computacional e recuperação de informação têm investigado a forma de compreender automaticamente os aspectos e o sentimento do texto (Pang e Lee, 2008). No entanto, a maior parte do trabalho realizado até à data centrou-se nas críticas de produtos (por exemplo, computadores portáteis, restaurantes, filmes). As opiniões recentemente geradas por consumidores do sector da saúde precisam de ser administradas para adquirir um padrão camuflado que permita compreender diferentes aspectos do prestador de serviços de saúde. A aplicação de métodos computacionais à análise de críticas de prestadores de serviços de saúde é oportuna e inovadora.

Os principais contributos deste capítulo são enumerados a seguir:

- Identificar os temas ou aspectos mais importantes do prestador de cuidados de saúde.

- É apresentada uma abordagem única baseada em LDA para identificar caraterísticas de saúde. As caraterísticas de saúde e as palavras de opinião são utilizadas para selecionar as frases adequadas para se tornarem um resumo da revisão. Resumir as revisões de saúde escritas por consumidores de saúde.

- É proposto um mecanismo de filtragem baseado em LDA para autorizar os utilizadores a escolherem as caraterísticas que lhes interessam, e este mecanismo pode reduzir eficazmente o tamanho do resumo.

Nesta tese, é abordado o problema da modelação de corpora de texto e outras colecções de dados discretos. O objetivo é encontrar uma descrição concisa de uma coleção que permita o processamento eficiente de grandes colecções, mantendo as relações estatísticas essenciais que são úteis para tarefas básicas como a classificação, a deteção de novidades, a sumarização e os julgamentos de semelhança e relevância.

Os investigadores no domínio da recuperação de informação (RI) fizeram progressos substanciais neste domínio (Baeza-Yates e Ribeiro-Neto, 1999). A metodologia fundamental proposta pelos investigadores de RI para corpora de texto - uma metodologia utilizada com sucesso nos modernos motores de busca da Internet - reduz cada documento do corpus a um vetor de números reais, cada um dos quais é uma representação de contagens. No popular esquema *TF-IDF* (Salton e McGill, 1983), é escolhido um vocabulário rudimentar de "palavras" ou "termos" e, para cada documento do corpus, é iniciada uma contagem do número de ocorrências de cada palavra. Após uma normalização adequada, esta contagem de frequências de termos é comparada com uma contagem inversa de frequências de documentos, que avalia o número de ocorrências de uma palavra em todo o corpus (geralmente numa escala logarítmica e, mais uma vez, devidamente normalizada). O resultado final é uma matriz termo-a-documento X cujas colunas incluem os valores *TF-IDF* para cada um dos documentos do corpus. Assim, o esquema *TF-IDF* reduz documentos de comprimento indiscriminado a listas de números de comprimento fixo.

Embora a redução *TF-IDF* tenha algumas caraterísticas aliciantes - nomeadamente a identificação básica de conjuntos de palavras que são discriminatórias para os documentos da coleção - a abordagem também proporciona uma redução passavelmente pequena do comprimento da descrição e revela uma estrutura estatística trivial inter ou intra-documentos. Para resolver estes problemas, os investigadores de IR têm defendido várias outras técnicas de redução da dimensionalidade, nomeadamente a Indexação Semântica Latente (LSI) (Deerwesteret al., 1990). A LSI utiliza uma decomposição do valor singular da matriz X para determinar um subespaço linear no espaço das caraterísticas *TF-IDF* que determina a maior parte da variância na coleção. Esta abordagem pode alcançar uma compressão substancial em grandes colecções. Além disso, entendemos que as caraterísticas derivadas do LSI, que são combinações lineares das caraterísticas originais *do TF-IDF*, podem encapsular alguns aspectos de noções linguísticas básicas, como a sinonímia e a polissemia.

Para fundamentar a afirmação relativa à LSI e para analisar os seus pontos fortes e fracos relativos, é útil desenvolver um modelo probabilístico generativo de corpora de texto e verificar a capacidade da LSI para recuperar aspectos do modelo generativo a partir dos dados (Papadimitriou et al., 1998). No entanto, dado um modelo generativo de texto, não é claro por que razão se deve adotar a metodologia LSI - pode-se tentar proceder de forma mais direta, ajustando o modelo aos dados utilizando métodos de máxima verosimilhança ou bayesianos. Um avanço significativo neste domínio foi dado por Hofmann (1999), que contribuiu com o modelo *LSI probabilístico (pLSI)*, também conhecido como *modelo de aspeto*, como alternativa ao LSI.

A abordagem pLSI, que explicamos em pormenor na Secção 5.3.1, modela cada palavra de um documento como uma amostra de um modelo de mistura, em que os componentes da mistura são variáveis aleatórias multinomiais que podem ser discernidas como representações de "tópicos". Assim, cada palavra é concebida a partir de um único tópico, e diferentes palavras num documento podem ser geradas a partir de diferentes tópicos. Cada documento é representado como uma lista de proporções de assimilação para estes componentes de mistura e, assim, reduzido a uma distribuição de probabilidade num conjunto fixo de tópicos. Esta difusão é a "descrição reduzida" correlacionada com o documento.

Embora o trabalho de Hofmann seja um passo benéfico para a modelação probabilística do texto, é inadequado, uma vez que não propõe qualquer modelo probabilístico ao nível dos documentos. No pLSI, cada documento é representado por uma lista de números (as proporções de mistura dos tópicos) e não existe um modelo probabilístico generativo para estes números. Este facto conduz a vários problemas: (1) o número de parâmetros do modelo aumenta linearmente com a dimensão do corpus, o que conduz a problemas graves de sobreajustamento, e (2) é confuso como atribuir uma probabilidade a um documento fora do conjunto de treino.

Para determinar como proceder para além do pLSI, consideremos os pressupostos probabilísticos fundamentais subjacentes à classe de métodos de redução da dimensionalidade que inclui o LSI e o pLSI. Todos estes métodos são instituídos com base no pressuposto do "saco de palavras" - que a ordem das palavras num documento pode ser descartada. Na linguagem da teoria da probabilidade, trata-se de uma hipótese de *permutabilidade* das palavras num documento (Aldous, 1985). Além disso, embora menos frequentemente declarados formalmente, estes métodos também postulam que os documentos são resgatáveis; a ordenação específica dos documentos num corpus também pode ser descontada. Um teorema clássico de representação devido a de Finetti (1990) corrobora que qualquer coleção de variáveis aleatórias permutáveis tem uma representação como uma distribuição mista - em geral, uma mistura infinita. Assim, para contemplar representações permutáveis para documentos e palavras, precisamos de considerar modelos de misturas que encapsulam a permutabilidade de palavras e documentos.

Esta linha de pensamento dita o modelo *Latent Dirichlet Allocation (LDA)* que é apresentado no presente capítulo. É imperativo sublinhar que um pressuposto de permutabilidade não é equivalente a um pressuposto de que as variáveis aleatórias são soberanas e identicamente distribuídas. Em vez disso, a permutabilidade pode ser essencialmente elucidada como significando "*condicionalmente* independentes e identicamente distribuídas", em que o condicionamento é relativamente a um parâmetro latente subjacente de uma distribuição de probabilidade. Condicionalmente, a distribuição conjunta das variáveis aleatórias é ingénua e facturada, enquanto marginalmente sobre o parâmetro latente, a distribuição conjunta pode ser bastante complexa. Assim, embora uma hipótese de permutabilidade seja claramente um pressuposto simplificador importante no domínio da modelização de textos, e a sua principal justificação seja o facto de conduzir a métodos que são computacionalmente eficientes, os pressupostos de permutabilidade não conduzem necessariamente a métodos que se circunscrevem a simples contagens de frequências ou operações lineares. No presente capítulo, ao levar a sério o teorema de Finite, é possível revelar uma estrutura estatística intra-documento significativa através da distribuição de mistura.

É também de notar que há um grande número de generalizações da noção básica de permutabilidade, incluindo diversas formas de permutabilidade parcial, e que também existem teoremas de representação para estes casos (Diaconis, 1988). Assim, embora o trabalho que discutimos no presente capítulo se centre em modelos simples de "saco de palavras", que conduzem a distribuições de misturas para palavras isoladas (unigramas), os nossos métodos também são pertinentes para modelos mais ricos que envolvem misturas para unidades estruturais maiores, como *n-gramas* ou parágrafos.

A parte restante deste capítulo está estruturada da seguinte forma. Na Secção 5.2, é apresentada a notação e a terminologia da LDA e, na Secção 5.3, a explicação da LDA. Na Secção 5.4, é apresentada a sumarização de resenhas baseada em caraterísticas usando LDA. Na secção 5.5, são apresentadas as experiências e os resultados. Na secção 5.6, é apresentado um resumo e uma discussão.

5.   2Notação e terminologia da LDA

A linguagem das colecções de texto utilizada ao longo deste capítulo refere-se a entidades como "palavras", "documentos" e "corpora". Isto é útil na medida em que ajuda a mostrar a intuição, particularmente quando instituímos variáveis latentes que se esforçam por captar noções abstractas como tópicos. É importante notar, no entanto, que o modelo LDA não está necessariamente ligado ao texto e tem aplicações a outros problemas relativos a colecções de dados, incluindo dados de domínios como a filtragem colaborativa, a recuperação de imagens baseada em conteúdos e a bioinformática (Blei et al., 2003).

Formalmente, são definidos os seguintes termos:

Uma *palavra* é a unidade fundamental dos dados discretos, definida como sendo um elemento de um vocabulário indexado por $\{1..V\}$. Denotamos palavras usando vectores de base unitária que têm um único componente igual a um e todos os outros componentes iguais a zero. Assim, utilizando sobrescritos para representar componentes, a *v-ésima* palavra no vocabulário é representada por um *vetor* V w tal que $w^v = 1$ e $w^u = 0$ para u não é igual a v.

Um *documento* é uma progressão de N palavras denotadas por $\mathbf{w} = (w\ w\ w_{1,2,...N})$, em que w_n é a *n-ésima* palavra da sequência.

Um *corpus* é um compêndio de M documentos denotados por $D = \{w1, w2, ..., \mathbf{w}_M\}$. Pretendemos encontrar um modelo probabilístico de um corpus que não só atribua uma probabilidade elevada aos associados do corpus, mas também atribua uma probabilidade elevada a outros documentos "semelhantes".

5.   3Análise de Dirichlet latente

A LDA é um modelo probabilístico proactivo de um corpus. A ideia elementar é que os documentos são epitomizados como misturas aleatórias sobre tópicos latentes, em que cada tópico é caracterizado por uma distribuição sobre palavras.

A LDA efectua o seguinte processo generativo para cada documento w num corpus D:

- Escolha $N \sim$ Poisson (ξ)).

- Escolher $\theta \sim \mathrm{Dir}(\alpha)$.

- Para cada uma das N palavras w $:_n$

  (a) Escolha um tópico $z_n \sim$ Multinomial(θ).

(b) Escolher uma palavra w_n de $p(w_n \,|z\,_{,n}\,\beta)$, uma probabilidade multinomial

condicionada   no tópico $z\,._n$

São feitas várias postulações simplificadoras neste modelo básico, algumas das quais são

discutidas nas secções seguintes. Em primeiro lugar, presume-se que a dimensionalidade k da

distribuição de Dirichlet (e, por conseguinte, a dimensionalidade da variável temática z) é

conhecida e fixa. Em segundo lugar, as probabilidades das palavras são parametrizadas por

uma matriz k×V β em que $\beta_{i,j} = p(w^j = 1|z^i = 1)$, que, para já, é tratada como uma quantidade

fixa que deve ser avaliada. Finalmente, o pressuposto de Poisson não é crítico para o que se

segue e podem ser utilizadas distribuições mais realistas do comprimento dos documentos,

conforme solicitado. Além disso, note-se que N é independente de todas as outras variáveis

geradoras de dados (θ e z). Trata-se, portanto, de uma variável auxiliar e, de um modo geral,

ignoraremos a sua aleatoriedade no desenvolvimento que se segue.

Uma variável aleatória Dirichlet *k-dimensional* θ pode assumir valores no (*k-1*)-simplexo (um

k-vetor θ encontra-se no (*k-1*)-simplexo se $\theta i > 0$, $\sum_{i=1}^{n} \theta_i = 1$), e tem a seguinte densidade de

probabilidade neste simplex:

$$p(\theta\,|\,\alpha) = \frac{\Gamma\left(\sum_{i=1}^{k} \alpha_i\right)}{\prod_{i=1}^{k} \Gamma(\alpha_i)} \theta_1^{\alpha_1 - 1} \cdots \theta_k^{\alpha_k - 1},$$

$$(5.1)$$

em que o parâmetro α é um *vetor k* com componentes $\alpha_i > 0$, e onde $\Gamma(x)$ é a função Gama. A

Dirichlet é uma distribuição conveniente no simplex - está na família exponencial, tem

estatísticas suficientes de dimensão finita e é conjugada com a distribuição multinomial. Dados

os parâmetros α e β , a distribuição conjunta de uma mistura de tópicos, um conjunto de N

tópicos **z** e um conjunto de N palavras **w** é dada por

$$p(\theta, \mathbf{z}, \mathbf{w} \mid \alpha, \beta) = p(\theta \mid \alpha) \prod_{n=1}^{N} p(z_n \mid \theta) p(w_n \mid z_n, \beta),$$

(5.2)

em que p(z $|_n\theta$) é simplesmente θi para o único istal que o valor de z começa de n para i= 1.

Integrando sobre θ e somando sobre z, obtém-se a distribuição marginal de um documento:

$$p(\mathbf{w} \mid \alpha, \beta) = \int p(\theta \mid \alpha) \left(\prod_{n=1}^{N} \sum_{z_n} p(z_n \mid \theta) p(w_n \mid z_n, \beta) \right) d\theta.$$

(5.3)

O modelo LDA é representado como um modelo gráfico probabilístico na Figura 5.1. Como a figura apresenta uma imagem perfeita, existem três níveis na representação do LDA. Os parâmetros α e β são parâmetros ao nível do corpus, que devem ser amostrados uma vez no processo de geração de um corpus. As variáveis θ_d é uma variável ao nível do documento, recolhida uma vez por documento. Finalmente, as variáveis z_{dn} e w_{dn} são variáveis ao nível da palavra e são testadas uma vez para cada palavra em cada documento.

É importante distinguir a LDA de um modelo simples de agrupamento Dirichlet-multinomial. Um modelo de agrupamento clássico incluiria um modelo de dois níveis em que um Dirichlet é amostrado uma vez para um corpus, uma variável de agrupamento multinomial é nomeada uma vez para cada documento no corpus e um conjunto de palavras é escolhido para o documento em função da variável de agrupamento. Tal como acontece com muitos modelos de agrupamento, este modelo limita um documento a estar correlacionado com um único tópico. O LDA, por outro lado, inclui três níveis e, como é óbvio, o nó do tópico é amostrado *repetidamente* no documento. Com este modelo, os documentos podem ser correlacionados com vários tópicos.

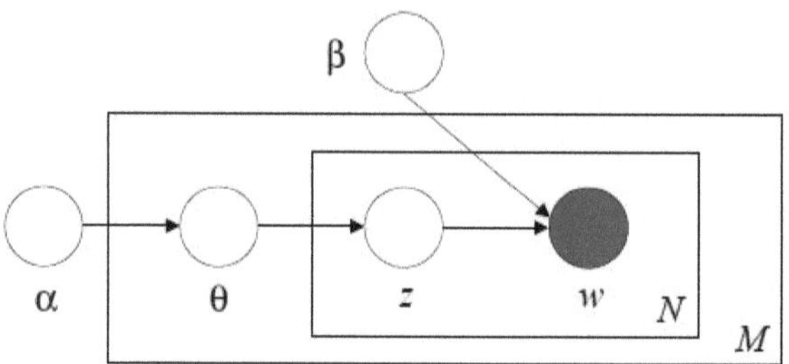

Figura 5.1 Modelo gráfico de LDA

Estruturas semelhantes à apresentada na Figura 5.1 são frequentemente analisadas na modelação estatística bayesiana, onde se insinuam como *modelos hierárquicos* (Gelman et al., 1995), ou mais precisamente como *modelos hierárquicos condicionalmente independentes* (Kass e Steffey, 1989). Estes modelos são também frequentemente designados *por modelos Bayes empíricos paramétricos*, um termo que se refere não só a uma estrutura precisa do modelo, mas também aos métodos utilizados para calcular os parâmetros do modelo (Morris, 1983). De facto, Blei et al. adoptaram a abordagem Bayes empírica para estimar parâmetros como α e β, em implementações simples de LDA, mas também consideram abordagens Bayesianas mais completas.

Diz-se que um conjunto finito de variáveis aleatórias $\{z_1,...z_N\}$ é permutável se a distribuição conjunta for invariante à permutação. Se π é uma permutação dos números inteiros de 1 a N: $p(z1,...z_N) = p(z\pi_1,...z\pi_N)$;

Uma progressão infinita de variáveis aleatórias é infinitamente permutável se todas as subsequências finitas forem permutáveis. O teorema de representação de De Finetti afirma que a distribuição conjunta de uma sequência infinitamente permutável de variáveis aleatórias é como se um parâmetro aleatório fosse retirado de uma distribuição qualquer e, em seguida, as variáveis aleatórias em questão fossem soberana e identicamente distribuídas condicionadas por esse parâmetro.

Em LDA, admite-se que as palavras são geradas por tópicos (por distribuições condicionais fixas) e que esses tópicos são infinitamente intercambiáveis num documento. De acordo com o teorema de De Finetti, a probabilidade de uma sequência de palavras e tópicos necessários tem a forma seguinte:

$$p(\mathbf{w}, \mathbf{z}) = \int p(\theta) \left(\prod_{n=1}^{N} p(z_n \mid \theta) p(w_n \mid z_n) \right) d\theta,$$

(5.4)

Onde θ é o parâmetro aleatório de uma multinomial sobre tópicos. Obtemos a distribuição LDA nos documentos na Eq. (5.3) marginalizando as variáveis de tópico e dotando θ com uma distribuição Dirichlet.

5.3.1 Relação   com outros modelos de variáveis latentes

Nesta secção, a LDA é comparada com modelos de variáveis latentes mais simples para texto - o modelo unigrama, uma mistura de unigramas e o modelo pLSI.

No modelo unigrama, as palavras de cada documento são ilustradas independentemente a partir de uma única distribuição multinomial.

Se aumentarmos o modelo de unigrama com uma variável de tópico aleatório discreto z, obtemos um modelo de mistura de unigramas (Nigam et al., 2000). Neste modelo de mistura, cada documento é fabricado selecionando primeiro um tópico z e depois gerando N palavras independentemente da multinomial condicional p(w|z). A probabilidade de um documento é:

$$p(\mathbf{w}) = \sum_{z} p(z) \prod_{n=1}^{N} p(w_n \mid z).$$

(5.5)

Quando avaliadas a partir de um corpus, as distribuições de palavras podem ser observadas como representações de tópicos, partindo do princípio de que cada documento apresenta exatamente um tópico. Em contrapartida, o modelo LDA permite que os documentos apresentem vários tópicos em diferentes graus. Isto é conseguido com o custo de apenas um parâmetro adicional: existem k-1 parâmetros associados a p(z) na mistura de unigramas, contra os k parâmetros associados a $p(\theta|\alpha)$ na LDA.

A indexação semântica latente probabilística (pLSI) é outro modelo documental muito utilizado (Hofmann, 1999). O modelo pLSI postula que a etiqueta de um documento d e uma palavra w_n são condicionalmente independentes, tendo em conta um tópico não observado z. O modelo pLSI tenta relaxar a suposição simplificadora feita no modelo de combinação de unigramas de que cada documento é gerado a partir de apenas um tópico. De certa forma, apreende a probabilidade de um documento poder conter vários tópicos, uma vez que p(z |d) serve como a mistura de pesos dos tópicos para um determinado documento d. No entanto, é imperativo notar que d é um índice fictício na lista de documentos do conjunto de treino. Assim, d é uma variável aleatória multinomial com tantos valores concebíveis quantos os documentos de treino e o modelo aprende as misturas de tópicos p(z |d) apenas para os documentos em que é treinado. Por este motivo, o pLSI não é um modelo generativo de documentos bem definido; não existe uma forma natural de o utilizar para atribuir uma probabilidade a um documento não visto anteriormente.

Uma outra adversidade do pLSI, que também decorre da utilização de uma distribuição indexada por documentos de treino, é o facto de o número de parâmetros a estimar crescer linearmente com o número de documentos de treino. Os elementos de um modelo pLSI de k tópicos são k distribuições multinomiais de dimensão V e M misturas sobre os k tópicos ocultos. Isto dá parâmetros kV +kM e, por conseguinte, um crescimento linear em M. O crescimento linear dos parâmetros sugere que o modelo é suscetível de sobreajustamento e, empiricamente, o sobreajustamento é de facto um problema grave. No procedimento, é utilizada uma heurística de temperamento para suavizar os parâmetros do modelo de modo a obter um desempenho de previsão aceitável. No entanto, foi demonstrado que o sobreajustamento pode ocorrer mesmo quando se utiliza a técnica de temperamento (Popescul et al., 2001).

A LDA ultrapassa estes dois inconvenientes tratando os pesos da mistura de tópicos como uma variável aleatória oculta de k parâmetros em vez de um grande conjunto de parâmetros individuais que estão explicitamente ligados ao conjunto de treino. O LDA é um modelo procriador bem definido e generaliza-se facilmente a novos documentos. Além disso, os parâmetros k+kV num modelo LDA de k tópicos não aumentam com o tamanho do corpus de treino. O LDA não sofre dos mesmos problemas de sobreajuste que o pLSI.

5.4   Sumarização de resenhas baseada em recursos

A Figura 5.2 apresenta a visão geral da arquitetura do sistema de sumarização de avaliações de saúde que propomos. As entradas para o sistema são o nome de um médico e as caraterísticas mais importantes das avaliações correspondentes. O sistema efectua a sumarização em três passos principais (tal como discutido anteriormente): o primeiro passo é determinar as caraterísticas de saúde utilizando LDA que foram comentadas por consumidores de saúde; o segundo é identificar frases de opinião em cada crítica e decidir se cada frase de opinião é positiva ou negativa e, por fim, resumir os resultados. Estas etapas são executadas em várias sub-etapas.

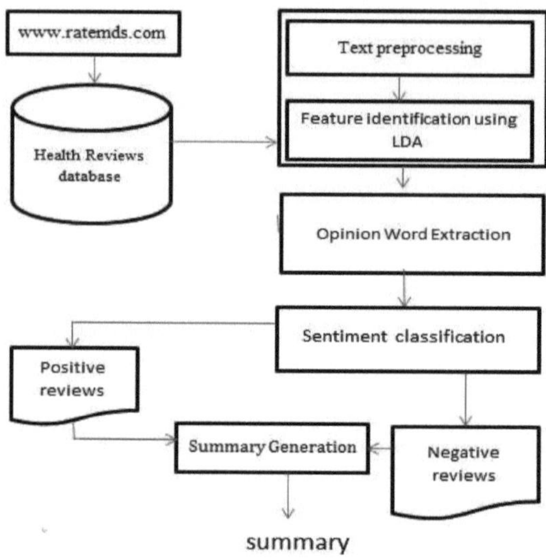

Figura 5.2 Vista geral da arquitetura da proposta de resumo das análises de saúde

5.4.   1Pré-processamento

Como etapa de pré-processamento, as partes que manifestam as revisões foram extraídas das páginas HTML, juntamente com a designação da especialidade de cada prestador. As avaliações foram tokenizadas e fragmentadas em frases individuais. As palavras de paragem foram erradicadas. Todos os documentos de texto agrupados são conhecidos como corpus. Para executar qualquer modelo matemático num corpus de texto, é uma boa prática transformá-lo numa representação matricial. O modelo LDA procura padrões de termos iterativos em toda a matriz de termos do documento. A linguagem Python oferece muitas bibliotecas excelentes para práticas de extração de texto; "Gensim" é uma dessas bibliotecas simples e bonitas para tratar dados de texto. É escalável, robusta e eficiente.

O principal método computacional retratado é aquele em que nos baseamos (Latent DirichletAnalysis, ou LDA) para perceber os aspectos salientes nas avaliações dos prestadores de cuidados de saúde e a forma como o adaptamos para responder às nossas questões de investigação. São dois os desafios abordados em particular: (i) a seleção do conjunto de dados e a seleção da unidade de processamento sobre a qual aplicar a LDA e (ii) a determinação do número ótimo de aspectos discutidos nas avaliações (ordem do modelo). Em primeiro lugar, apresentamos uma visão geral do LDA em geral e, em seguida, a nossa configuração experimental.

5.4.2 Deteção de caraterísticas salientes utilizando LDA

Existem muitos processos para obter tópicos de um texto, como a frequência de termos e a frequência inversa de documentos. Técnicas de Factorização de Matrizes Não Negativas. A Alocação de Dirichlet Latente é a técnica de modelação de tópicos mais importante proposta neste capítulo. A LDA assume que os documentos são formulados a partir de uma mistura de tópicos. Esses tópicos distribuem as palavras com base na sua distribuição de probabilidade. Dado um conjunto de dados de documentos, a LDA retrocede e esforça-se por descobrir que tópicos criariam esses documentos em primeiro lugar.

O nosso método de resolução de tópicos comuns discutidos em análises de saúde baseia-se num modelo gráfico probabilístico generativo, Latent Dirichlet Allocation (LDA) (D Blei et al.,2003). A LDA é um método totalmente não supervisionado para identificar tópicos comuns de discussão numa antologia de documentos. Os tópicos são identificados automaticamente, sem implicar qualquer conhecimento prévio ou anotação manual. Isto é essencialmente atrativo para a nossa tarefa, uma vez que pretendemos determinar os tópicos comuns discutidos em avaliações de prestadores de cuidados de saúde, em vez de formular hipóteses sobre os aspectos da prática de um prestador de cuidados de saúde que são importantes para os consumidores de saúde e validá-las através da análise de dados.

Podemos fazer uma ideia do seu objeto e atribuir-lhe uma etiqueta. A natureza generativa do modelo permite-lhe lidar com documentos recentemente observados que não se conformam exatamente com uma distribuição previamente vista. Comparando o LDA com outros modelos propostos na literatura, e relatam melhores resultados em tarefas de modelação de documentos e de classificação de textos, em que o seu modelo apresenta um sobreajustamento visivelmente menor do que os outros (Blei et al.,2003). Desde então, a LDA tem sido aplicada a muitas tarefas, como a resolução de entidades (Bhattacharya e Getoor, 2006), a recuperação de informação (Wei e Croft, 2006) e o processamento de imagens (Fei-Fei e Perona, 2005). Foram desenvolvidos vários métodos competentes para a inferência com LDA. Nesta tese, apresentamos uma implementação padrão do LDA que utiliza a amostragem de Gibbs para a estimação de parâmetros e a inferência.

LDA for Reviews of Health Providers é um modelo principalmente adaptado (Titov e McDonald ,2008), baseado em LDA, demonstrou ser indispensável para encontrar aspectos avaliáveis de avaliações de hotéis, com a ajuda de informações adicionais específicas dos aspectos fornecidas pelos avaliadores. Brody e Elhadad (2010) demonstraram que uma versão local de LDA, que manobra em frases individuais em vez de documentos, e não implica informações adicionais, pode obter aspectos avaliáveis num consórcio de domínios, incluindo críticas de produtos e restaurantes. A nossa hipótese é que uma progressão análoga seria adequada para o domínio dos serviços profissionais e, em particular, para a nossa tarefa de determinar os aspectos salientes em avaliações online de prestadores de serviços de saúde.

A questão da ordem do modelo, ou seja, a determinação do número correto de clusters (no nosso caso, os tópicos descobertos), é um elemento imperativo na aprendizagem não supervisionada. Uma abordagem comum (Levine e Domany, 2001; Niu, Ji e Tan. I2R, 2007) consiste em recorrer a um procedimento de validação de clusters. Neste procedimento, as ordens dos modelos discretos são comparadas e é selecionada a ordem com o agrupamento mais coerente. Para efeitos do procedimento de validação, temos um agrupamento correspondente a cada aspeto e rotulamos cada frase como pertencente ao agrupamento do aspeto mais plausível.

Dada a coleção de frases nos nossos dados, D, e duas matrizes de conetividade C e $\hat{C}$, em que uma célula i, j contém 1 se as frases d_i e d_j pertencem ao mesmo cluster, definimos uma função de consistência F (Niu et al., 2007):

$$F(C, \hat{C}) = \frac{\sum_{i,j} 1\{C_{i,j} = \hat{C}_{i,j} = 1, d_i, d_j \in \ddot{D}\}}{\sum_{i,j} 1\{C_{i,j} = 1, d_i, d_j \in \hat{D}\}} \tag{5.6}$$

O algoritmo para LDA é o seguinte

1 Executar o modelo LDA com k tópicos em D para obter a matriz de conetividade C_k.

2 Criar uma matriz de conetividade de comparação R_k com base em atribuições aleatórias uniformemente desenhadas das instâncias.

3 Amostra de um subconjunto aleatório D^i de tamanho δ |D| de D.

4 Executar o modelo LDA em D^i para obter a matriz de conetividade C_k^i.

5 Criar uma matriz de comparação R_k^i com base em atribuições aleatórias uniformemente selecionadas das instâncias em D^i.

6 Calcular a pontuação$_i$ (k) = F (C_k^i, C_k) - F(R_k^i, R_k)

  Onde F é dado na Eq. (5.6).

7 Repita os passos 3 a 6 q vezes.

8 Devolver a pontuação média ao longo de q iterações.

. Figura 5.3 Algoritmo de deteção de caraterísticas salientes a partir das análises de saúde

Este procedimento calcula a consistência da nossa solução de agrupamento, utilizando uma atribuição aleatória de tamanho semelhante para comparação. Faz isto em q subconjuntos para diminuir os efeitos do acaso. É escolhido o k com a pontuação mais elevada. Nas nossas experiências, utilizámos $q = 10, \delta = 0,9$ e deixámos k variar entre quatro e quinze. Após um certo número de iterações, atinge-se um estado estável em que as distribuições dos tópicos dos documentos e dos termos dos tópicos são bastante boas. Este é o ponto de convergência do LDA.

5.4.   3Extracção de palavras de opinião

Para além da identificação das caraterísticas, é também imperativo definir palavras de opinião sobre as caraterísticas do produto. As palavras de opinião através da recuperação do adjetivo contíguo das caraterísticas do produto são propostas em (Hu e Liu, 2004). Para além das caraterísticas da estrutura das frases linguísticas, a utilização de um gráfico gramatical fiável permite descobrir algumas relações entre as palavras caraterísticas e as palavras de opinião correspondentes nos dados de treino (Zhuang, 2006). Ambas se baseiam na estrutura das frases da língua para extrair palavras de opinião; por conseguinte, estas abordagens serão pertinentes para as frases da língua que tenham essa caraterística. Muitas línguas não conservam a estrutura das frases acima referida. Assim, propomos a utilização de uma abordagem estatística para determinar as palavras de opinião.

Em primeiro lugar, temos em conta a informação de etiquetagem POS das palavras de opinião. De acordo com a sua análise, os adjectivos são normalmente utilizados para retratar sentimentos; por conseguinte, estes termos tornam-se as palavras de opinião candidatas. Em segundo lugar, é tida em conta a frequência dos termos; por conseguinte, a frequência das palavras de opinião deve ultrapassar um valor limite. Seja AVG a média da soma do quadrado da frequência de todos os itens, como se mostra em (5.7). Um $termo_i$ só será selecionado se o quadrado da sua frequência for igual ou superior a AVG. Selecionámos manualmente frases positivas e negativas de 500 críticas positivas e 500 críticas negativas, respetivamente. As palavras de opinião positivas e as palavras de opinião negativas podem ser obtidas de forma suplementar com base na frequência dos termos e na etiquetagem POS.

$$S =_f \sum_{i=0}^{n} \{Frequency\,(termo_i\,)\}^{2}$$

$$AVG = S_f /n. \tag{5.7}$$

5.4. 4Resumo baseado em caraterísticas

Em geral, a compactação baseada em caraterísticas é instituída em caraterísticas relacionadas com a saúde e palavras de opinião. É despretensioso utilizar diretamente a taxa de compressão, uma vez que o critério de seleção de frases é corroborado pela presença de caraterísticas médicas/de saúde. Assim, propomos uma abordagem de filtragem baseada na LSA para selecionar o conteúdo do resumo com base na preferência do utilizador. Na organização da saúde, estamos a tentar encontrar caraterísticas de saúde a partir das análises de saúde e utilizamos a LDA para descobrir termos de caraterísticas concomitantes de uma caraterística de saúde específica, e estes termos relacionados podem ser considerados como estando semanticamente relacionados com a organização da saúde. Para cada caraterística f de um determinado produto de saúde, a LDA pode determinar os termos relacionados F que estão semanticamente relacionados com f. Em geral, F pode ser considerado como os termos relacionados com f e o sistema pode utilizar F para selecionar frases de resumo. Na conceção da aplicação, o sistema propõe todas as frases de resumo no início. As sementes de caraterísticas de saúde mencionadas no processo de identificação de caraterísticas com base na LDA irão promover caraterísticas de resumo interessadas candidatas. O sistema permite ao utilizador autenticar a caraterística f em que está interessado. Quando o utilizador determina f, o sistema apresenta um resumo relacionado com o domínio da saúde.

Na prática, uma avaliação positiva da saúde pode incluir comentários negativos sobre aspectos específicos e vice-versa. Neste capítulo, insinuamos analisar a polaridade de uma avaliação de saúde utilizando a regressão logística e analisar a polaridade de uma frase utilizando palavras de opinião. Na sumarização baseada em caraterísticas, o sistema pode reter a polaridade das palavras de opinião para determinar a polaridade das frases. Assim, o sistema pode fornecer resumos de avaliações positivas e negativas, independentemente da polaridade de uma avaliação.

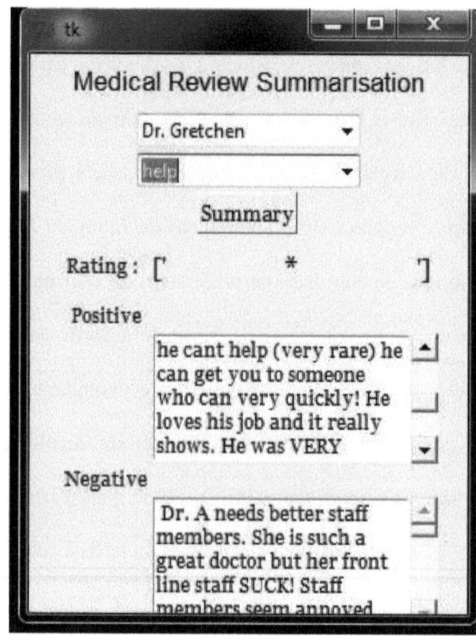

Figura 5.4 Resumo da revisão de um prestador de serviços de saúde utilizando LDA

5.5   Experiências e resultados

Foram realizadas várias experiências para avaliar o nosso sistema. Na experiência de classificação de sentimentos, a regressão logística é utilizada para efetuar a tarefa de classificação de sentimentos. São deliberadas várias combinações de caraterísticas para avaliar o desempenho do sistema. Para determinar as caraterísticas de saúde a partir de comentários sobre saúde, propomos uma abordagem baseada em LDA para identificar as caraterísticas de saúde criadas por consumidores de saúde.

5.5.1 Conjunto de dados

O presente trabalho é uma compilação de análises de saúde de quinhentos médicos do site ratemds.com e estas análises foram registadas na base de dados de análises. Este sítio propõe centenas de críticas a milhares de médicos de todo o mundo. Cada uma das críticas inclui uma crítica de texto e outras classificações numéricas estão disponíveis para uma miríade de outras caraterísticas. Assimilámos todas estas avaliações de médicos de família, ginecologistas, podólogos e ortopedistas, etc. O sítio fornece uma classificação numérica de quatro atributos, nomeadamente pessoal, pontualidade, utilidade e conhecimentos. Os comentários textuais são compilados pelos consumidores de saúde com uma média de três frases. Para cada médico, começámos por descarregar os primeiros comentários acessíveis. A simples observação dos sítios permite-nos compreender que existem sete especialidades importantes disponíveis.

São eles o Internista, o Ginecologista, o Clínico Geral, o Podologista, o Dentista, o Psiquiatra, o Ortopedista, o Cardiologista, o Gastroenterologista, o Dermatologista, etc. Para cada especialidade, há médicos de renome que são compreensíveis e cada médico está a receber centenas de avaliações. Para quinhentos médicos, este capítulo inclui uma composição de 5000 avaliações e cerca de 20000 caraterísticas.

O quadro 5.1 apresenta a repartição do nosso conjunto de dados com a lista dos principais médicos

Especialidade	Comentários	Especialidade	Comentários
Cardiologista	250	Dentista	1740
Dermatologista	100	Médico de família	800

Ginecologistas	250	Cirurgião ortopédico	250
Radiologista	100	Total de comentários	3740

5.5.2 Identificação de caraterísticas salientes

Com o objetivo de descobrir quais os aspectos que os consumidores de saúde consideram mais importantes quando avaliam os prestadores de serviços, tínhamos um conjunto de requisitos para os nossos métodos computacionais: dinâmicos e ascendentes, sem qualquer dependência de anotação manual. Os nossos resultados demonstram que o LDA é um método adequado tendo em conta as nossas restrições. Além disso, quando as revisões são efectuadas ao nível da frase (e não como um todo), e as revisões são reunidas por especialidade, é possível reconhecer aspectos salientes que são específicos de uma especialidade. Os aspectos descobertos que são habituais em todas as especialidades assemelham-se aos aspectos tradicionais dos questionários de satisfação dos doentes (tais como as maneiras de estar à cabeceira do pessoal e do prestador e o nível de atenção oferecido pelo prestador aos doentes). No entanto, quando se analisam os aspectos que são explícitos para as diferentes especialidades, surgem padrões interessantes. Por exemplo, o custo é um tópico saliente apenas para os dentistas. Isto faz sentido, uma vez que, embora a maioria dos avaliadores tenha seguro de saúde, a cobertura para procedimentos dentários é menos comum e o custo torna-se um tópico importante. Do mesmo modo, a marcação de consultas é predominantemente importante para os ginecologistas e psiquiatras, mas não para as outras especialidades.

Tabela 5.2 A etiqueta a negrito é um aspeto importante que é determinado manualmente. O resto das palavras são as caraterísticas mais frequentes determinadas pela LDA para esse aspeto.

Maneira	**Recomendação**	**Competência**	**Atenção**	**Horário**
Pessoal	Anos	saber	cuidados	tempo

Ótimo	Melhor	faz	ajuda	escritório
Cuidar	Família	não	problemas	fora
conhecedor	Recomendar	deve	trabalho	nomeação

5.5. 3Classificação de sentimentos

As opiniões em linguagem natural são habitualmente expressas de formas subtis e complexas. Por exemplo, a polaridade de uma frase pode ser alterada quando um termo negativo é utilizado na frase. Deliberámos sobre a provável combinação de caraterísticas nas experiências para obter a melhor seleção de caraterísticas. Com base no modelo de saco de palavras, utilizámos caraterísticas de unigrama, bigrama, negação, localização, frequência e presença (ou seja, apenas considerámos se a caraterística está presente ou não) para realizar a tarefa de classificação com diferentes combinações de caraterísticas. Na seleção de caraterísticas, as nossas experiências também indicaram que o unigrama com caraterísticas de presença supera o bigrama com outras caraterísticas, e o resultado é o mesmo que o descrito em (Pang, Lee e Vaithyanathan, 2002). Para além do unigrama com caraterísticas de presença, foram concebidas três experiências básicas para associar as diferenças das combinações de caraterísticas, que são descritas a seguir.

1) Tipo I:

a) Eliminação dos termos que aparecem tanto nas críticas positivas como nas negativas;

b) critério de frequência-caraterística, em que o quadrado da frequência do termo deve ser pelo menos AVG, como se mostra em (5.7);

2) Tipo II: critério de frequência-caraterística, em que o quadrado da frequência do termo deve ser, pelo menos, AVG, como se mostra em (5.7);

3) Tipo III: critério de frequência-caraterística, em que o termo deve ocorrer pelo menos três vezes.

A experiência de tipo I inclui duas caraterísticas adicionais para avaliar o seu desempenho. A primeira caraterística diz respeito à obliteração dos termos que aparecem tanto nas críticas positivas como nas negativas. Em geral, os termos que aparecem tanto nas críticas positivas como nas negativas não conseguiram postular uma orientação semântica suficiente para discernir as críticas positivas das negativas. A segunda caraterística diz respeito à comparação do impacto da frequência.

As experiências Tipo I e Tipo II são utilizadas para comparar o efeito da seleção de termos. Enquanto o Tipo I descartou os termos que apareciam tanto nas críticas positivas como nas negativas, a experiência do Tipo II consumiu todos os termos. As experiências Tipo I e Tipo III são utilizadas para comparar o efeito da frequência dos termos. Enquanto o Tipo II utilizou o critério de frequência baseado em (5.7), o Tipo 1 selecionou os termos que aparecem pelo menos três vezes.

Estas três experiências são implementadas para avaliar os seus desempenhos em dados de visionamento de filmes, e tornar-se-ão a base de outras experiências. O conjunto de dados está disponível em http://www.cs.cornell.edu/People/pabo/movie-review-data. A negação e a posição são caraterísticas adicionais que são incorporadas nestas três bases para efetuar a combinação de caraterísticas. Na caraterística de negação, um termo de negação pode transformar completamente a polaridade de uma frase, o que pode confundir a decisão. Por exemplo, uma frase "Este hospital é caro" conota uma opinião positiva sobre este hospital, enquanto a frase "Este hospital não é caro" transmuta a polaridade da frase. Quanto à caraterística de posição, as pessoas podem chegar a uma conclusão no final; por conseguinte, a caraterística de posição também é utilizada para avaliar o seu efeito.

A Tabela 5.1 mostra o resultado experimental, que incorpora três abordagens de seleção de caraterísticas. A tarefa de pré-processamento inclui o processo de eliminação de pontuação, o processo de conversão de minúsculas e o processo de conversão de termos negativos, que converte "n't" em "not". A primeira utilizou todos os unigramas como caraterísticas, enquanto a segunda utilizou a frequência como critério de filtragem, sendo que apenas os unigramas com manifestações superiores a três seriam tidos em conta. O terceiro utilizou o critério de frequência listado em (5.7). As matrizes termo-documento de todas as experiências encomendaram unigramas com a caraterística de presença como valor de entrada. As duas primeiras abordagens não erradicam as palavras de paragem, mas a terceira remove primeiro as palavras de paragem. A principal razão é que as palavras de paragem são os termos com frequências elevadas; por conseguinte, quase só restarão palavras de paragem utilizando o critério listado em (5.7) se as palavras de paragem não forem removidas antes do processo.

Tabela 5.3 Resultados da classificação de frases utilizando o conjunto de dados público de críticas de filmes

Critério de seleção de caraterísticas	N.º de caraterísticas	Exatidão
Unigramas	30, 064	86.40%
Unigramas com ocorrência superior a 3	15,026	86.20%
Unigramas utilizando o critério da frequência com base na eq.(5.7)	841	81%

Os resultados experimentais são análogos aos da experiência anterior. O primeiro supera os outros, mas o número de caraterísticas é gigantesco. O segundo consegue gastar mais de metade das caraterísticas e a precisão é quase idêntica. No entanto, o número de caraterísticas continua a ser colossal. O número de caraterísticas na terceira experiência é de 841 e a sua precisão é de cerca de 81%. Embora a precisão da terceira experiência seja reduzida em comparação com as outras, é possível reduzir consideravelmente o número de caraterísticas. Entretanto, a sua precisão continua a ser aceitável na prática.

5.5.   4Geração de resumo

Agora, o resumo baseado nas caraterísticas pode ser produzido a partir dos resultados das duas etapas anteriores. Para cada caraterística descoberta, as frases de opinião associadas são colocadas em categorias positivas e negativas de acordo com as orientações das frases de opinião.

A classificação de todas as caraterísticas é obtida de acordo com a manifestação das suas aparições nos comentários. As frases das caraterísticas surgem antes das caraterísticas de uma só palavra, uma vez que as frases são normalmente mais fascinantes para os utilizadores. Também são possíveis diferentes tipos de classificações. O resumo é apresentado na figura 5.5.

Dra. Gretchen

Ajuda da funcionalidade

Classificação *

Positivo:

<O Dr. é maravilhoso e recomendo-o vivamente aos meus amigos e familiares>

<Ela até se lembra de consultas anteriores que tivemos! As marcações estão prontamente disponíveis, mas tenho a certeza que assim que a palavra se espalhar como ela é boa, será mais difícil! Recomendo vivamente a Dra. .>

<<Eu finalmente encontrei a minha médica! Demorou 20 anos!!!!Ela nunca nos apressa a sair do consultório, e se ligarmos para falar com ela, ELA liga-nos de volta. (em vez de uma enfermeira) Recomendo-a vivamente!!!Recomendo-a vivamente. Recomendo-a vivamente a toda a gente.

Negativo :

<A única queixa é a longa espera para a ver.>

<Por isso, recomendo-a vivamente... Ela não se limita a seguir as regras.>

<" o seu pessoal, mas tive alguns problemas em obter receitas médicas atempadamente, o que considerei frustrante, mas foi apenas um problema >...

Figura 5.5 Breve resumo de um prestador de serviços de saúde baseado em caraterísticas

5.5.   5Avaliação do desempenho

Olhando para a figura 5.5, comparando as pontuações F1 e os sentimentos neutros, os sentimentos positivos e negativos podem ser classificados com destreza.   A precisão é verosímil, uma vez que são classificados mais documentos relevantes. A figura 5.6 explica que os sentimentos negativos são classificados de forma adequada e explícita do que os sentimentos neutros e positivos. O valor da precisão, da recuperação e da pontuação F1 indica claramente que o método SVM tem um melhor desempenho do que a regressão logística em geral.

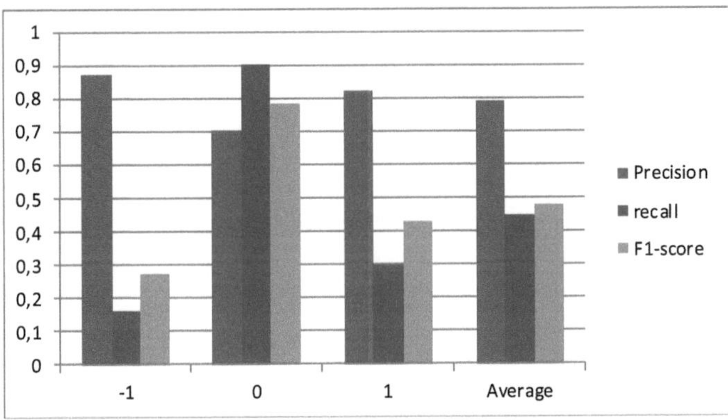

A Figura 5.6 mostra a avaliação do desempenho utilizando a regressão logística

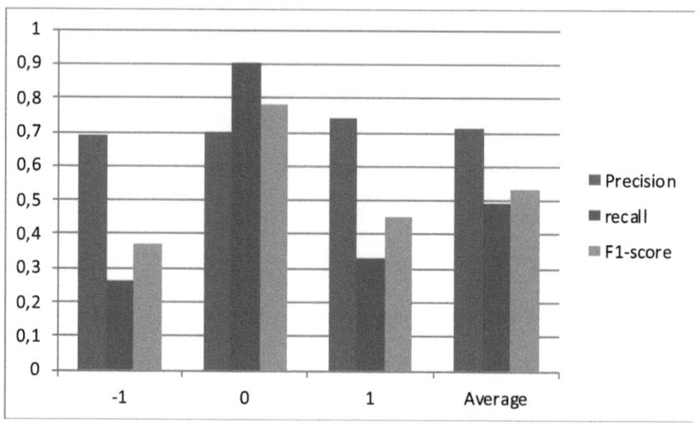

Figura 5.7 Avaliação do desempenho utilizando a máquina de vectores de apoio

5.6Síntese   e discussão

Os resultados dos modelos de tópicos são totalmente apaixonados pelas opções (termos) presentes no corpus (incompreensível). O corpus é delineado como uma matriz de termos de documentos, que, universalmente, tem uma natureza incrivelmente distribuída. Reduzir a dimensionalidade da matriz pode melhorar os resultados da modelação de tópicos. Com o apoio de conhecimentos especializados, existem poucas abordagens que permitem esse objetivo. Por vezes, a LDA pode ser utilizada como técnica de seleção de caraterísticas. Tomemos o exemplo de um problema de classificação de texto em que os dados de treino retêm documentos por categoria. . Se a LDA estiver a ser executada em conjuntos de documentos por classe, seguida da remoção de termos de tópicos comuns nos resultados de várias classes, pode oferecer as opções mais simples para uma classe.

Este estudo tem alguns condicionalismos. Embora a utilização de LDA tenha sido corroborada em vários contextos como uma ferramenta precisa para identificar tópicos de discussão num grande corpus de documentos (Blei, Ng, e Jordan ,2003; Bhattacharya e Getoor 2006; Wei e

Croft ,2006). Neste estudo, apenas foi mencionada uma revisão manual superficial dos tópicos. Outra limitação diz respeito ao conjunto de dados: nas nossas experiências, as críticas são selecionadas a partir de um único sítio Web. Estes métodos podem ser ultrapassados para um maior número de críticas de diferentes sítios Web. Como tal, esta é frequentemente uma limitação da nossa configuração experimental, em vez da tática em si.

Neste capítulo, a abordagem proposta para o sistema de sumarização de avaliações de saúde é implementada e a classificação de sentimentos é aplicada às avaliações de saúde. Propomos um método para identificar os aspectos mais salientes discutidos nas avaliações de prestadores de cuidados de saúde efectuadas por consumidores online. Embora tenha havido pouco trabalho sobre o evento e a análise química de questionários para avaliar os factores que se referem à satisfação do paciente, este trabalho adopta uma abordagem complementar e a LDA é utilizada para identificar os aspectos salientes com que os consumidores de saúde se preocupam quando escolhem um prestador de cuidados de saúde de uma forma quantitativa. Os aspectos são analisados automaticamente a partir de uma coleção de avaliações transcritas por consumidores de saúde, sem qualquer outra informação para além do texto das avaliações. Na sumarização baseada em caraterísticas, a identificação de caraterísticas desempenha um papel indispensável, e propomos uma nova abordagem baseada em LDA para determinar as caraterísticas de saúde relacionadas. Além disso, é utilizada uma técnica estatística para identificar palavras de opinião. As caraterísticas de saúde e as palavras de opinião são utilizadas como base para a sumarização baseada em caraterísticas.

Capítulo 6

Conclusão e trabalho futuro

Nos últimos anos, o resumo das revisões tem tido um enorme crescimento no domínio da recuperação de informação e ganhou grande aceitação por parte da comunidade de investigação. Atualizar o consumidor de saúde com informações em tempo real provenientes dos sítios de redes sociais e a análise destes dados são os principais objectivos deste trabalho de investigação. As análises de saúde obtidas no sítio www.ratemds.com são os principais factores que levaram ao início deste trabalho de investigação. Nos capítulos anteriores deste trabalho de investigação, foi analisada a escassez de métodos existentes e foram defendidas as três técnicas de síntese para dar resposta às preocupações dos prestadores de serviços de saúde em tempo real e no domínio específico. Conclui-se que o trabalho de investigação, ao fornecer as técnicas recomendadas e alguns conceitos para o trabalho futuro, se iniciou com as limitações deste trabalho de investigação.

6.1   Resumo da tese

A única motivação por detrás desta tese é promover métodos para resumir as opiniões dos prestadores de serviços de saúde. Trata-se de um problema indispensável a resolver, uma vez que as opiniões são uma fonte de informação corrente numa infinidade de tarefas quotidianas de tomada de decisões. Assim, a competência para utilizar as opiniões de forma hábil para apoiar todos os modos de obrigações de tomada de decisão aumentaria grandemente a gratificação do consumidor de saúde, ao mesmo tempo que ajudaria o prestador a compreender a sua força em todos os aspectos.

O primeiro aspeto abordado no capítulo 3 é a competência para extorquir os sentimentos e resumir a avaliação da saúde a partir das redes sociais utilizando técnicas de aprendizagem automática. No nosso procedimento, adoptámos o pré-processamento de texto para corroborar a caraterística/aspeto do conjunto de dados de avaliação do respetivo prestador de serviços de saúde. É calculada uma caraterística que atinge o número máximo de vezes. Em seguida, as opiniões são obtidas a partir das frases de opinião se as frases incluírem uma palavra caraterística ou uma opinião. A classificação do sentimento é utilizada para conciliar a orientação das frases de opinião e, finalmente, o resumo é formulado e apresentado ao utilizador.

A segunda abordagem que esta tese completa no capítulo 4 é a dos métodos para postular resumos de caraterísticas que estão semanticamente correlacionadas. O objetivo é que os utilizadores tenham uma perceção precipitada do que é bom e do que é mau num determinado tópico ou entidade, e este tipo de resumo também complementa os resumos estruturados já bem estudados. Neste capítulo, implementámos técnicas de pré-processamento de texto nos conjuntos de dados de resenhas e, em seguida, aplicámos a análise semântica latente (LSA) para encontrar caraterísticas semanticamente concomitantes entre si. Para cada caraterística correlacionada, a extração da opinião é obrigatória para a sumarização das críticas. A classificação do sentimento é benéfica para compreender a polaridade da frase de opinião. Depois, ao coordenar o resultado dos dois passos anteriores, podemos iniciar o resumo.

Finalmente, o terceiro problema abordado nesta tese é a identificação de caraterísticas da revisão de saúde utilizando a Análise de Dirichlet Latente (LDA). A LDA é a técnica mais comum utilizada nesta tese. A LDA postula que os documentos são concebidos a partir de um conjunto de tópicos. Estes tópicos distribuem então resultados estabelecidos na sua distribuição de probabilidade. Uma vez identificados os tópicos, as frases de opinião são realizadas e a orientação semântica da frase de opinião é resolvida. Os resultados são então categorizados para iniciar o resumo.

6.2   Trabalho futuro

A extração de caraterísticas e o resumo das revisões de saúde utilizando a técnica de aprendizagem automática projectada nesta tese abre um leque infinito de possibilidades de novas perspectivas de investigação nas áreas do Processamento de Linguagem Natural, Exploração de Texto e Recuperação de Informação. As ferramentas e técnicas aclamadas como parte desta plataforma são apenas um passo preliminar para a promoção de uma plataforma de resumo abrangente. Há muitos precedentes fascinantes de investigação futura que podem ser prosseguidos.

O aspeto que propusemos para resumir as avaliações de saúde utilizando as redes sociais, o algoritmo proposto para a identificação de caraterísticas ainda tem algumas restrições. Há uma probabilidade de que algumas caraterísticas possam ser desactivadas, o que pode ser viável empregando técnicas implícitas de identificação de caraterísticas, de modo a que se possa ter um número máximo de caraterísticas para estipular o resumo de todos os aspectos. Isto permitirá ao consumidor de serviços de saúde conhecer melhor o prestador de serviços.

É pouco claro dizer que o resumo do prestador de serviços de saúde persiste perpetuamente. Será mais exato dizer que o resumo se desvia ao longo de um período de tempo. Por isso, temos de trabalhar com dados para determinar quanto tempo uma organização de cuidados de saúde é obrigada a alterar a sua própria reputação junto dos consumidores de saúde. O problema mais premente é saber em que medida as organizações são obrigadas a prestar serviços adequados para estimular o consumidor de saúde, de modo a servirem-se mutuamente de forma competente.

A compreensão da sintaxe e da semântica linguísticas é uma área persistente que deve ser abordada. No caso do árabe, do persa e do urdu, a escrita das frases começa da direita para a esquerda. Temos de nos esforçar por descobrir a forma de extrair a caraterística e a opinião correspondente nestas línguas. Em alguns casos, o resumo baseado em aspectos pode não ser aceite e é necessário conglomerar diferentes formatos de resumo de opiniões. No futuro, esta técnica pode ser proliferada através da incorporação de métodos de sumarização não baseados em aspectos, tais como a sumarização básica de sentimentos, a sumarização avançada de textos, a visualização e a sumarização baseada em entidades.

Bibliografia

Adam L. Berger, Stephen A. Della Pietra, e Vincent J. Della Pietra. (1996) "A maximum entropy approach to natural language processing," *Computational Linguistics*, 22(1):39-71.

Afantenos S, Karkaletsis V, Stamatopoulos P (2005) "Summarization from medical documents: a survey," Artificial intelligence in medicine, 33 (2):157-177.

Aldous. D (1985) "Exchangeability and related topics In Ecole ' d'et' e' de probabilites' de Saint-Flour, XIII" , pages 1-198. Springer, Berlim.

Archak, N., Ghose, A., e Ipeirotis, P. G. (2007) "Show me the money!: deriving the pricing power of product features by mining consumer reviews," *In KDD '07:Proceedings of the 13th ACM SIGKDD international conferência internacional ACM SIGKDD sobre Descoberta de conhecimento e extração de dados*. ACM, Nova Iorque, EUA, 56-65.

Baeza-Yates R e Ribeiro-Neto, B (1999) " Modern Information Retrieval," *ACM* Press New York,1999.

Balahur, A. e Montoyo, A.(2008) "Extração e resumo de opiniões multilingues orientadas por caraterísticas a partir de críticas de clientes," *In NLDB '08: Actas da 13.ª conferência internacional sobre Linguagem Natural e Sistemas de Informação e Sistemas de Informação*. Springer-Verlag, Berlim, Heidelberg, pp.345-346.

Beineke,P.,Hastie,T., Manning,C., and Vaithyanathan,S (2004) "Exploring sentiment summarization," in *Proceedings of the AAAI Spring Symposium on Exploring Attitude and Affect in Text*, AAAI technical report SS-04-07.

Bhattacharya I e Getoor, L (2006) "latent dirichlet model for unsupervised entity resolution," in *.Proc. SIAM International Conference on Data Mining*.

Blei, D.M., Ng, A.Y., e Jordan, M. I(2003) "Latent dirichlet allocation," *J. Mach. Learning," Res. 3,*993-1022.

Boguraev, B., e Kennedy, C (1997) "Salience-Based Content characterization of Text documents," *In Proc. Do Workshop ACL'97/EACL'97 sobre Sumarização Inteligente e Escalável de Texto.*

Brody S e Elhadad, N (2010) "An unsupervised aspect-sentiment model for online reviews," *Proc.of the Conference of the North American Chapter of the Association for computational Linguistics (NAACL-HLT), pp. 804-812.*

Bruce, R., e Wiebe, J (2000) "Recognizing Subjectivity: A Case Study of Manual Tagging", *Natural Language Engineering.*

Cardie, C (1997) "Empirical methods in information extraction", *AI Magazine*, vol. 18, pp. 65-79.

Cardie, C., Wiebe, J.,Wilson, T., e Litman, D (2003) "Combining low-level and summary representations of opinions for multi-perspective question answering," *in Proceedings of the AAAI Spring Symposium on New Diretions in Question Answering*, pp. 20-27,.

Chaovalit, P., & Zhou, L. (2005) "Movie review mining: A comparison between supervised and unsupervised classification approaches," *in Proceedings of the 38th Hawaii international conference on system sciences*, 112.3.

Chien-Liang Liu, Wen-Hoar Hsaio, Chia-Hoang Lee, Gen-Chi Lu e Emery Jou (2102) "Classificação de filmes e resumo de resenhas em ambiente móvel". *IEEE transactions on systems, man, and cybernetics-part c: applications and reviews*, vol. 42(3), maio de 2012, pp. 397-407.

Choi S H., Jeong, Y.-S., and Jeong, M K (2010) "A hybrid recommendation method with reduced data for large-scale application," *IEEE Trans. Syst.,Man, Cybern. C, Appl. Rev.*, vol. 40, no. 5, pp. 557-566.

Chou, W., Hunt, Y., Beckjord, E., Moser, R e Hesse, B (2009) "Social media use in the United States: Implications for health communication," *J MedInternet Res*,11(4):e48.

Church, K.W. e Hanks, P(1990) "Word Association Norms, Mutual Information and Lexicography," *Computational Linguistics*, 16(1):22-29.

Daille, B (1996) "Study and Implementation of Combined Techniques for Automatic Extraction of Terminology", *The Balancing Act: Combining Symbolic and Statistical Approaches to Language"*. MIT Press, Cambridge.

Das, S., e Chen, M (2001) "Yahoo! for Amazon: Extracting market sentiment from stock message boards," *in Proceedings of the Asia Pacific Finance Association Annual Conference (APFA)*.

Das, S R e Chen, M.Y (2007) "Yahoo! for Amazon: Sentiment extraction from small talk on the Web", *Management Science*, vol. 53, pp. 1375-1388.

Dash, M. e Liu, H (2000) "Feature selection for clustering," *In Proceedings of 4th Pacific Asia Conference on Knowledge Discovery and Data Mining, 2000. Springer-Verlag.*

Dave, K., Lawrence, S., e Pennock, D. M (2003) "Mining the peanut gallery: opinion extraction and semantic classification of product reviews," *In WWW '03: Proceedings of the 12th international conference on World Wide Web.* ACM, Nova Iorque, NY, EUA, 519-528.

David D. Lewis (1998) "Naive (Bayes) at forty: The independence assumption in information retrieval," *in Proc. of the European Conference on Machine Learning (ECML), pp. 4-15. Aprendizagem Automática (ECML)*, pp. 4-15. Palestra convidada.

De Finetti. B (1990) "Theory of probability," Vol. 1-2. *John Wiley & Sons Ltd.*, Chichester. Reimpressão da tradução de 1975.

DeJong, G (1982) "An Overview of the FRUMP," *System.Strategies for Natural Language Parsing.* 149-176

Deerwester.S Dumais. S, Landauer.T, Furnas.G, e Harshman.R (1990) "Indexing by latent semantic analysis," *Journal of the American Society of Information Science*, 41(6):391-40.

Diaconis,P(1988) "Recent progress on de Finetti's notions of exchangeability," *In Bayesian statistics*, 3 (Valencia, 1987), pages 111-125. Oxford Univ. Press, Nova Iorque.

Dini, L e Mazzini, G (2002) "Opinion classification through information extraction," *in Proceedings of the Conference on Data Mining Methods and Databases for Engineering, Finance and Other Fields (Data Mining)*,pp. 299-310.

Donoho, D (2006) "Para os grandes sistemas de equações lineares subdeterminados, a solução mínima de norma 11 é também a solução mais esparsa", *Comm. Pure Appl. Math.*, 59:907-934.

Esuli, A and Sebastiani, F (2005) "Determining the semantic orientation of terms through gloss classification," in *Proc.14th ACM Int. Conf. Inf. Knowledge Management*, , pp. 617-624.

Eysenbach, G (2007) "From intermediation to disintermediation and apomediation: new models for consumers to access and assess the credibility of health information in the age of Web 2.0", Stud Health Technol Inform, 129(Pt 1:162-166.   informação sobre saúde na era da Web 2.0," *Stud Health Technol Inform*, 129(Pt 1):162-166.

Eysenbach, G (2008) "Medicine 2.0: social networking, collaboration, participation, apomediation, and openness," *J Med Internet Res*, 10(3):e22.

Fan, J. Richard Samworth, e Yichao Wu (2009) "Ultrahigh dimensional feature selection: Para além do modelo linear," *Journal of Machine Learning Research*, 10:2013-2038.

Fei-Fei,L and Perona,P (2005) "A Bayesian hierarchical model for learning natural scene categories," *Proc. of the IEEE Conference on Computer Vision and Pattern Recognition* (CVPR).

Finn, A., Kushmerick, N., e Smyth, B (2002) "Genre Classification and Domain Transfer for Information Filtering," *in Proc. of European Colloquium on   Information   Retrieval Research*, pp. 353-362.

Forman, G (2003) "An extensive empirical study of feature selection metrics for text classification," *Journal of Machine Learning Research*, 3:1289-1305.

Frostholm, L., Fink, P., Oernboel, E., Christensen, K., Toft, T., Olesen, F e Weinman, J (2005) "The uncertain consultation and patient satisfaction: O impacto das percepções de doença dos doentes e de um ensaio controlado aleatório na o impacto das percepções de doença dos pacientes e um ensaio controlado aleatório sobre a formação das competências de comunicação dos médicos", *Psychosomatic   Medicine*,67:897-905.

Ge, Wang, Pu Pengbo e Liang Yongquan (2015) "Extração de caraterísticas e resumo de opiniões em críticas chinesas". *Open Automation and Control Systems Journal, pp. 533-539.*

Gelman,A, Carlin.J, Stern. H, e Rubin,D.(1995) "Bayesian data analysis," *Chapman & Hall*, London, 1995.

Glocer, K. Eads ,D. and Theiler, J (2005) "Online feature selection for pixel classification," *In Proceedings of the 22nd international conference on   Aprendizagem automática (ICML).*

Goldberg B A e Zhu, X (2006) "Seeing stars when there are not many stars: Aprendizagem semi-supervisionada baseada em gráficos para categorização de sentimentos", *em Proc. TextGraphs: First Workshop Graph Based Methods Nat. Lang. Process,* Morristown, NJ: Assoc. Comput. Linguist. pp. 45-52.

Goldstein, J., Kantrowitz, M., Mittal, V., e Carbonell, J (1999) "Summarizing Text Documents: Sentence Selection and Evaluation Metrics", *SIGIR'99.*

Gonzalez, R. e Woods, R (1993) "Digital Image Processing," *Addison-Wesley,*   2ª edição.

Hai, K. Chang, e Kim, J (2011) "Implicit feature identification via co-occurrence association rule mining," *Computational Linguistics and Intelligent Text   Processamento de texto inteligente,* pp.393-404.

Han, J. e Kamber, M (2001) "Data Mining: Concepts and Techniques", *Morgan Kaufman.*

Hatzivassiloglou, V. e Wiebe, J (2000) "Effects of Adjective Orientation and Gradability on Sentence Subjectivity", *COLING'00.*

Hatzivassiloglou, V. e Mckeown, K. R(1997) "Predicting the semantic orientation of adjectives,". *in Proceedings of the eighth conference on European chapter of the Association for Computational Linguistics.* AC L, Morristown, NJ, EUA, 174-181.

He, X., Cai, D., e Niyogi, P (2005) "Laplacian score for feature selection," *Advances in Neural Information Processing Systems* 18, Cambridge, MA,   MIT Press

Hearst, M (1992) "Diretion-based Text Interpretation as an Information Access Refinement", *em Paul Jacobs,* editor, *Text-Based Intelligent Systems.* Lawrence Erlbaum Associates.

Helleputte T., e Pierre Dupont (2009) "Partially supervised feature selection   com modelos lineares regularizados," *In ICML,* 2009.

Hofmann, T (1999) "Indexação semântica latente probabilística", *em SIGIR '99: Actas da 22ª conferência internacional anual ACMSIGIR sobre   Investigação e desenvolvimento em recuperação de informação*. ACM, Nova Iorque, NY, EUA, 50-57.

Hovy, E. H (2005) "Automated Text Summarization,". Em R. Mitkov (ed), *The Oxford Handbook of Computational Linguistics*, capítulo 32, páginas 583-598. Oxford University Press.

Hovy, E. e Lin, C.-Y (1999) "Automated text summarization in SUMMARIST," *in Advances in Automatic Text Summarization*, I. Mani e M. T. Maybury,   Eds.MIT Press.

Hu, M. e Liu, B. (2004a) "Mining and summarizing customer reviews," *In KDD '04: Proceedings of the tenth ACM SIGKDD international conference on Knowledge discovery and data mining*. ACM, Nova Iorque, NY, EUA, 168-177.

Hu, M. e Liu, B (2004b) "Mining opinion features in customer reviews," In *AAAI'04: Proceedings of the 19th national conference on Artificial inteligência artificial*. AAAI Press, 755-760.

Hu, M. e Liu, B (2006) "Opinion extraction and summarization on the web," *in AAAI'06: proceedings of the 21st national conference on Artificial inteligência artificial*. AAAI Press, 1621-1624.

Huettner, A. e Subasic, P (2000) "Fuzzy Typing for Document management" *in ACL'00 Companion Volume: Tutorial Abstracts and Demonstration Notes*.

Hughes, B., Joshi, I e Wareham, J (2008) "Health 2.0 and Medicine 2.0: Tensions and controversies in the field," *J Med Internet Research*, 10(3):e23.

Inza, I. Larranaga, P., Blanco,R., e Cerrolaza,A (2004) "Filter versus wrapper   abordagens de seleção de genes em domínios de microarranjos de ADN," *Artificial   Inteligência Artificial em Medicina*, 31:91-103.

Jacquemin, C., e Bourigault, D (2001) "Term extraction and automatic indexing," In R. Mitkov, editor, *Handbook of Computational Linguistics,* Oxford University Press.

Jennifer G. Dy e Carla E. Brodley (2004) "Feature selection for unsupervised learning," *J. Mach. Learn. Res.*, 5:845-889, ISSN 1533-7928.

Jianqing Fan, Richard Samworth e Yichao Wu (2009) "Ultrahigh dimensional feature selection: Beyond the linear model," *Journal of Machine Learning Research,* 10:2013-2038.

Joachims T (1998) "Text categorization with support vetor machines: Learning with many relevant features," *In Proc. of the European Conference on Machine Learning (ECML)*, pp. 137-142.

Joachims, T (2002) "Learning to Classify Text Using Support Vetor Machines:Methods, Theory and Algorithms, ". *Norwell, MA*: Kluwer.

Justeson, J. S., e Katz, S.M (1995) "Technical Terminology: some linguistic properties and an algorithm for identification in text," *Natural Language engenharia da linguagem natural* 1(1):9-27.

Kamps, J. e Marx, M (2001) "Words with attitude," *In 1st International WordNet Conference,* pp.332-341.

Karlgren, J. e Cutting, D (1994) "Recognizing Text Genres with Simple Metrics using Discriminant Analysis", *COLING'94*.

Kessler, B., Nunberg, G., e Schutze, H (1997) "Automatic Detection of Text Genre," *In Proc. Da 35ª ACL/8ª EACL*.

Kim Hyun Duk, Kavita Ganesan, Parikshit Sondhi , Zhai C.,(2011) "Comprehensive review of opinion summarization," *Universidade de Illinois em Urbana Champaign*, 201 N Goodwin Ave Urbana, IL 61801

Ku, L.-W., Liang, Y.-T., e Chen, H.-H (2006) "Opinion extraction, summarization and tracking in news and blog corpora," In *AAAI Symposium on Computational Approaches to Analysing Weblogs (AAAI-CAAW)*.100-107.

Kupiec, J., Pedersen, J., e Chen, F (1995) "A trainable document summarizer," *in* SIGIR '95: *Actas da 18ª conferência internacional anual ACMSIGIR sobre investigação e desenvolvimento em* recuperação *de informação*. ACM, Nova Iorque, NY, EUA, 68-73.

Lee, W. Stolfo, S.J. e Mok. K.W (2001) "Adaptive intrusion detection: A data mining approach," *Artificial Intelligence Review - Issues on the application of data mining ,*14(6),PP.533-567.

Levine. L e Domany. E (2001) "Método de reamostragem para estimativa não supervisionada
de validade de agrupamento," *Neural Comput.*, 13(11):2573-2593.

Lin, D (1998) "Dependency-based evaluation of minipar," *in Proc. Workshop sobre a avaliação de sistemas de análise*. Granada.

Lingwei Zeng e Fang Li (2003) "A Classification-based Approach for Implicit Feature Identification," *Department of Computer Science and Engineering*, Shanghai Jiao Tong University, China.

Liu, B., Hsu, W., Ma, Y (1998) "Integrating Classification and Association Rule Mining" *KDD'98.*

Liu, B., Hu, M., e Cheng, J (2005) "Opinion observer: analyzing and comparing opinions on the web," *In WWW '05: Proceedings of the 14th international conference on World Wide Web*. ACM, Nova Iorque, NY, EUA, 342-351.

Liu, H. e Motoda, H (1998) "Feature Selection for Knowledge Discovery and   Data Mining", *Boston: Kluwer Academic Publishers*, 1998. ISBN 0-7923-8198-X.

Liu, H. e Motoda, H (2007) "Computational Methods of Feature Selection," Chapman and Hall/CRC Press.

Liu, H. e Yu, .L (2005) "Toward integrating feature selection algorithms for classification and clustering," *IEEE Trans. on Knowledge and Data Engineering, 17(3):1-12.*

Liu, H., Motoda,H, Rudy Setiono, Zhao, Z (2010) "Feature Selection: An Ever Evolving Frontier in Data Mining," *JMLR: Workshop and Conference Proceedings 10: 4-13* The Fourth Workshop on Feature Selection in Data Mining,

Liu, J., Ji, S., e Ye, J (2009) "Multi-task feature learning via efficient l2,1-norm minimization," *in the Twenty-Fifth Conference on Uncertainty in Artificial Intelligence.*

Lu.Y.,Zhai., Sundaresan., N (2009) "Rated Aspect Summarization of Short Comments," *.WWW 2009*, Madrid, Espanha.pp.131-140.

Manning, C. e Schütze, H (1999) "Foundations of Statistical Natural Language Processing," *MIT Press*, Cambridge, MA: maio de 1999.

Mani, I., House, D., Klein, G., .(1999) "The Tipster Summac Text Summarization Evaluation," *in Proceedings of EACL.*

Mani, I., e Bloedorn, E(1997) "Multi-document Summarization by Graph Search and Matching,".*AAAI'97.*

Mani I, Klein G, House D, Hirschman L, Firmin T, Sundheim B (2002) " SUMMAC: uma avaliação de sumarização de texto," *Natural Language Natural Language Engineering* ;8(01):43-68.

Mao,Y and Lebanon,G (2006) "Sequential models for sentiment prediction," in *Workshop do ICML sobre aprendizagem em espaços de resultados estruturados.*

Mei, Q., Ling, X., Wondra, M., Su,H., and Zhai, C (2007) "Topic sentiment mixture: modeling facets and opinions in weblogs," *in WWW '07: Proceedings of the 16th international conference on World Wide Web*. ACM, Nova Iorque, NY, EUA, 171-180.

Miller, G., Beckwith, R, Fellbaum, C., Gross, D., e Miller, K (1990) "Introduction to WordNet: An on-line lexical database," *In International Journal of Lexicography (edição especial)*, 3(4):235-312.

Minqing Hu e Bing Liu (2004) "Mining and Summarizing Customer Reviews," *KDD 04*, Seattle, Washington, EUA.PP. 22-29.

Morris.C, (1983) "Parametric empirical Bayes inference: Theory and applications," *Journal of the American Statistical Association,* 78(381):47-65.

Morinaga, S., YaYamanishi, K., Tateishi, K, e Fukushima, T.(2002) "Mining Product Reputations on the Web,".*KDD'02.*

Mullen, T e Collier, N (2004) "Sentiment analysis using support vetor machines with diverse information sources," in *Proc. EMNLP*, pp. 412-418.

Ng. A.Y (2004) "Feature selection, l1 vs. l2 regularization, and rotational invariance," *in the 21ˢᵗ international conference on Machine learning.* ACM Press.

Nigam, K, McCallum, A, Thrun, S, e Mitchell, T(2000) " Text classification from labeled and unlabeled documents using EM," *Machine Learning, 39(2/3):103-134.*

Niu, Z Y., Ji,D H e Tan, C L (2007) "I2R: Três sistemas para discriminação do sentido das palavras, desambiguação do sentido das palavras chinesas e desambiguação do sentido das palavras inglesas", *in Proc. do Workshop Internacional sobre Avaliações Semânticas (SemEval)*, pp.177-110. *Semantic Evaluations (SemEval)*, pp.177-182.

O'Brien, S e Peterson, E (2008) "Identifying high quality hospitals: Consultar as classificações ou atirar uma moeda ao ar?", *Arch Intern Med*, 167(13):1342-1344.

Paice, C. D (1990) "Constructing literature abstracts by computer: techniques and prospects", *Inf. Process. Manage. 26,* 1, pp.171-186.

Pang, B., Lee, L., e Vaithyanathan. S (2002) "Thumbs up?: Sentiment   utilizando técnicas de aprendizagem automática", em *Proc. ACL-02 Conf.   Métodos Empíricos Natural Lang. Process.*, 2002, pp. 79-86.

Pang, B e Lee, L (2004) "Uma educação sentimental: Análise de sentimentos utilizando a sumarização da subjetividade com base em cortes mínimos", em *Proceedings of the   AC L*, pp. 271-278.

Pang, B. e Lee, L (2005) "Seeing stars: exploiting class relationships for sentiment categorization with respect to rating scales," *In ACL '05: Proceedings of the   43ᵃ*

Reunião Anual da Associação para a Linguística Computacional. ACL, Morristown, NJ, EUA, 115-124.

Pang, B e Lee, L(2008). "Opinion mining and sentiment analysis," *Foundations and Trends in Information Retrieval*, 2(1-2):1-135.

Pedro Domingos e Michael J. Pazzani (1997) "On the optimality of the simple Bayesian classifier under zero-one loss," *Machine Learning*, 29(2-3):103- 130.

Popescul,A, Ungar,L Pennock,D and Lawrence ,S (2001) "Probabilistic models for unified collaborative and content-based recommendation in sparse-data environments," *In Uncertainty in Artificial Intelligence*, Proceedings of the Seventeenth Conference.

Popescu, A.-M .e Etzioni, O (2005) "Extracting product features and opinions   from reviews," *In HLT '05: Proceedings of the conference on Human Language Technology and Empirical Methods in Natural Language Processing*. Association for Computational Linguistics, Morristown, NJ, EUA, pp. 339-346.

Radev, D., e Kathleen R. McKeown (1998) "Generating natural language summaries from multiple online sources," Computational Linguistics, 24(3),   469-501.

Radev, D. R., Hovy, E., e Kathleen R. McKeown (2002) "Introduction to the special issue on summarization," *Computational Linguistics*, 28(4):399-408.

Rainie L. e Horrigan, J "Election 2006 online,*" Pew Internet & American Life Project Report*, janeiro de 2007.

Riloff, E. e Wiebe, J (2003) "Learning extraction patterns for subjective expressions", *In Proceedings of the 2003 conference on Empirical methods in natural language processing*. Associação para a Linguística Computacional, Morristown, NJ, EUA, 105-112.

Riloff, E., Wiebe, J., e Wilson, T (2003) "Learning subjective nouns using extraction pattern bootstrapping," *In Proceedings of the seventh conference   sobre   aprendizagem   de línguas naturais no HLT-NAACL*, Association for   Linguística   Computacional, Morristown, NJ, EUA, 25-32.

Rokach, L e Maimon, O (2005) "Top-down induction of decision trees   Um   inquérito", *IEEE Trans. Syst., Man, Cybern. C, Appl. Rev.*, vol. 35, no. 4, pp. 476-487.

Rubin, H., Gandek, B., Rogers, W., Kosinski, M., McHorney, C e Ware, J (1993) "Patients' ratings of outpatient visits in different practice settings results from the medical outcomes study," *JAMA*,270(7):835-840.

Sack, W (1994) "On the Computation of Point of View," *.AAAI'94*, Resumo do estudante.

Salton, G. e McGill, M.J. (1983) "Introduction to Modern Information Retrieval," *McGraw-Hill Book Co.*, Nova Iorque.

Salton, G. Singhal, A.Buckley, C. e Mitra, M (1996). "Automatic Text Decomposition using Text Segments and Text Themes". *Conferência ACM sobre hipertexto.*

Sikonja M R e Kononenko, I (2003) "Theoretical and empirical analysis of Relief and Relief F," *Machine Learning*, 53:23-69.

Silva, C., Lotric, U., Ribeiro, B e Dobnikar , A (2010) "Distributed text classification with an ensemble kernel-based learning approach," *IEEE   Trans.Syst., Man, Cybern. C: Appl. Rev.*, vol. 40, no. 3, pp. 287-297.

Snyder, B e Barzilay, R, (2007) "Multiple aspect ranking using the good grief algorithm," *in Proc. HLT-NAACL*, pp. 300-307.

Song, L., Smola, A., Gretton, K. ,Borgwardt, and Bedo, J(2007) "Supervised feature selection via dependence estimation," *In International Conference on   Aprendizagem automática.*

Sparck J (1993a.) "Discourse Modeling for Automatic Text Summarizing", *Relatório Técnico 290,* Laboratório de Informática da Universidade de Cambridge.

Sparck J (1993b) "What might be in a summary?", *Information Retrieval* 93:9-26.

Su, K. Xiang, Wang, H., Sun, B e Yu, S (2006) "Using point wise mutual information to identify implicit features in customer reviews," *Computer Processing of Oriental Languages. Para além do Oriente: The Research Challenges Ahead*, pp.22-30.

Swets, D. L, e Weng, J.J (1995) "Efficient content-based image retrieval using automatic feature selection," *In IEEE International Symposium on Computer Vision*, páginas 85-90.

Tait, J. (1983) "Automatic Summarizing of English Texts*", Dissertação de Doutoramento,* Universidade de Cambridge.

Taskar, B. Obozinski,G e Jordan, M.I(2006) "Multi-task feature selection," *Relatório técnico,* Departamento de Estatística, UC Berkeley.

Turney, P. D. e Littman, M. L (2003) "Measuring praise and criticism: Inferência da orientação semântica a partir da associação," *.ACM Trans. Inf. Syst. 21,* 4, 315-   346.

Tong, R (2001) "An Operational System for Detecting and Tracking Opinions in on-line discussion," *.in SIGIR2001 Workshop on Operational   Classificação   Operacional   de Textos.*

Titov I e McDonald, R (2008) "A joint model of text and aspect ratings for sentiment summarization," *in .Proc. of the Conference of the Association for Computational Linguistics (ACL).* pp 308-316.

Turney, P (2002) "Thumbs Up or Thumbs Down? Semantic Orientation Applied to Unsupervised Classification of Reviews," *ACL'02,* pp. 417-424.

Vapnik, V N (1995) *"The Nature of Statistical Learning Theory",* Nova Iorque, Springer, Verlag,

Wei Wang , Hua Xu e Xiaoqiu Huang (2003) "Implicit Feature Detection via a Constrained Topic Model and SVM", *Actas da Conferência de 2013 sobre Métodos Empíricos no Processamento de Linguagem Natural, Seattle,* Washington, EUA, pp.903-907.

Wiebe, J (2000) "Learning subjective adjectives from corpora," *in Proceedings of the Seventeenth National Conference on Artificial Intelligence and Twelfth Conference on Innovative Appl. of Artificial Intelligence.* AAAI Press, 735-740.

Wiebe, J., Bruce, R., e O'Hara, T (1999) "Development and Use of a Gold Standard Data Set for Subjectivity Classifications," *.in Proc. of ACL'99.*

Wei, X and Croft, W (2006) " LDA-based document models for ad-hoc retrieval," *Proc. of the ACM SIGIR conference.* pp. 178-185.

Weston, J, Elisse, A., Schoelkopf, B. e Tipping, M (2003) "Use of the zero norm with linear models and kernel methods," *Jour. of Machine Learning Research*, 3:1439-1461.

Yu, H. e Hatzivassiloglou, V (2003) "Para responder a perguntas de opinião: separar factos de opiniões e identificar a polaridade de frases de opinião frases de opinião", *em Actas do CEM N LP 2003* da Associação de Linguística Computational Linguistics, Morristown, NJ, EUA,129-136.

Zheng Zhao e Huan Liu (2007) "Semi-supervised feature selection via spectral analysis," *in Proceedings of SIAM International Conference on Data Mining*, pp.641-646.

Zenglin Xu, Rong Jin, Jieping Ye, Michael R. Lyu e Irwin King (2009) "Discriminative semi supervised feature selection via manifold regularization," *in IJCAI' 09: Proceedings of the 21th International joint conference on AI.*

Zhang, G P (2000) "Neural networks for classification: A survey", *IEEE Trans.Syst., Man, Cybern. C, Appl. Rev.*, vol. 30, no. 4, pp. 451-462.

Zhang Yi, Chris Ding, e Tao Li.(2008) "Gene selection algorithm by combining relie_ and mrmr," *BMC Genomics, 9:S27.*

Zhao, Z., Wang, J., Liu, H., Ye, J e Chang, Y (2008) "Identifying biologically relevant genes via multiple heterogeneous data sources," *In The Fourteenth ACM SIGKDD International Conference On Knowledge Discovery and Data e extração de dados, pp.839-849.*

Zheng Zhao e Huan Liu (2008) "Multi-source feature selection via geometry-dependent co-variance analysis," *in Journal of Machine Learning Research, Workshop and Conference Proceedings : New challenges for feature* selection in *data mining and knowledge discovery*, volume 4, pp. 36-47. *seleção de caraterísticas na extração de dados e descoberta de conhecimentos*, volume 4, pp. 36-47.

Zhuang L, Jing F, e Zhu, X Y (2006) "Movie review mining and summarization," in *Proc. 15th ACM Int. Conf. Inf. Knowl.Manage.*, 2006, pp. 43-50.

Printed by Books on Demand GmbH, Norderstedt / Germany